KB138668

긍정 효과

THE POSITIVITY EFFECT

댄 토마술로

긍정 효과

THE POSITIVITY EFFECT

댄 토마술로

불안과 부정을 긍정과 희망으로 바꾸는 인지행동치료

"걱정은 불안을 낳고 좌절은 우울을 낳는다. 부정성이 필요 이상 우리 곁에 오래 남게 되면, 그것은 우리의 시야를 제한하고 덫에 갇힌 듯한 느낌을 줄 수 있다. 댄 토마술로의 매력적인 걸작 『긍정 효과』는 당신의 탈출구에 빛을 비춘다. 토마술로의 스토리텔링 재능 덕분에 책은 쉽게 읽힌다. 더불어 수많은 과학적 증거를 바탕으로 한 의식 확장 연습이 진정한 변화를 위한 도약대가 될 수 있다."

— 바버라 프레드릭슨 박사, 『긍정의 발견』(『Positivity』)와 『Love 2.0』 작가

"댄 토마술로는 내가 가장 좋아하는 긍정심리학자다. 왜? 그는 탁월한 스승이며, 가장 실용적이고 명확한 방법으로 그의 지식을 나누고 싶어 하기 때문이다!"

— 안젤라 더크워스, 펜실베이니아 대학 심리학 교수, Character Lab의 공동설립자이자 CEO, 뉴욕타임스 베스트셀러 『그릿』(『Grit』) 작가

"댄 토마술로는 『긍정 효과』에서 엄격한 연구, 매혹적인 스토리텔링, 실용적인 조언을 훌륭하게 통합시킨다. 이 책이 당신의 삶을 긍정적으로 변화시킬 수 있다. 더불어 다른 사람들이 변화하도록 똑같이 도움을 줄 수도 있다."

— 탈 벤 샤하르, 뉴욕타임스 베스트셀러 『Happier』 작가

"『긍정 효과』는 변화의 불안을 불안의 변화로 바꾸는 법을 알려준다. 댄 토마술로는 과학이 제공하는 최선의 방법을 이용하여, 가능한 제일 건강한 방법으로 성장할 수 있는 방법을 제공한다."

—스콧 배리 카우프만, 『트랜센드』(『Trancend』)의 작가, 'The Psychology Podcast'의 진행자

"『긍정 효과』에서 댄 토마술로는 독자들이 불안과 부정성을 희망과 의의로 바꿀 수 있게 도와준다. 댄은 최첨단 연구와 스토리텔링을 잘 조합하여 독자들이 더 풍요로운 삶을 이끌 수 있도록 간단하면서도 효과적인 방법을 제공한다."
 — 에밀리 에스파하니 스미스, 『어떻게 나답게 살 것인가』(『The Power of Meaning』)의 작가

"『긍정 효과』는 마음의 내적 작용 변화에 대해 읽었던 책 중에서 가장 포괄적이며, 증거에 기반한 설명을 해 준다. 부정적인 생각과 씨름하고 있다면, 이 책이 단순한 실천과 사고방식 변화의 보물창고가 되어 삶의 변화를 이끌 것이다."
 — 코리 무스카라, 『Stop Missing Your Life』의 저자

"『긍정 효과』를 읽고 나면 일류 심리학 종사자가 쥐여준 멋진 웰빙 도구를 손에 쥐게 될 것이다. 댄 토마술로는 여러분 내면의 HERO를 해방시키도록 도와줄 것이다. 이 책을 소중히 간직하고, 같이 연습하고, 또 종종 다시 돌아와 읽다 보면 더 행복하고 평화로워질 뿐만 아니라 어느새 번영의 길에 접어들 수 있을 것이다!"
 — 라이언 M. 니믹, 심리학박사, 베스트셀러 『마음챙김과 성격강점』
(『The Power of Character Strenghs』) 작가, VIA 성격 연구소 최고 책임자

"조언은 많지만 종종 증거는 부족한 이 분야에서, 이렇게 재미있고도 매력적인 책이 나왔다. 인지행동치료(CBT)와 웰빙 과학 분야에 대해 증거에 기반한 개념과 실천을 가르쳐 준다."
 — 데이비드 B. 야덴 박사, 존스 홉킨스 의과 대학의 정신건강과 행동 과학과 부교수, 『The Varieties of Spiritual Experience』 작가

이 책을 나의 손녀, 조세핀 그레이스 펫로우에게 바칩니다.

목차

서문   10

들어가며   15

챕터 1 스트레스와 불안의 부정성, 스스로 바꿀 수 있다   37

챕터 2 희망 : 자신의 미래를 믿고 주도적으로 행동하라   49

챕터 3 유능감 : 성공을 쌓아나가며 자신감을 느껴라   83

챕터 4 회복 탄력성 : 유연한 사고방식으로 도전하면서 용기를 가져라   123

챕터 5 낙관주의 : 과거와 미래를 균형 있게 바라보라   161

챕터 6 긍정 효과를 유지하는 수단   191

챕터 7 번영하는 삶을 준비하라   227

감사의 말   255

주석   258

서문

　당신이 만약 높은 왕좌에 오르게 되어 자기 운명의 많은 부분을 좌지우지할 수 있다면 어떻게 될 것 같은가? 당신은 부정성과의 투쟁으로 가득한 삶에서 벗어나, 대신 긍정의 선물이 넘쳐나는 세상을 지시할 수 있을 것이다. 당신은 웰빙, 즐거움, 희망이라는 개인적인 의제를 내놓을 수도 있을 것이다. 아니면 자신이 가진 강력한 영향력으로 본인의 삶을 괴로움, 감정적 고통, 허무주의에 던져 넣을 수도 있다.

　긍정심리학 분야의 선구자, 댄 토마술로 박사의 『긍정 효과』 속 지혜는 당신을 왕좌에 앉혀놓는다. 당신은 당신 내면에 있는 이 방 안에 아직 들어가지 못했을 수도 있다. 하지만 왕좌의 방은 당신을 기다리고 있으며, 빈자리는 오직 당신을 위해 비어 있다. 토마술로 박사는 당신에게 그 방으로 가는 지도, 열쇠, 그리고 지침을 제공한다. 개인적인 권력의 자리에서 밖을 내다보며 당신이 내릴 수 있는 결정의 범위에 대한 지침 말이다. 그 누구도 외부 사건을 온전히 통제할 수 없지만, 우리는 각자 외부 사건을 어떻게 인식하고, 집중하고, 해석하고, 궁극적으로 어떻게 반응할지 선택하는 내부 인식 관점을 갖추었다. 심지어 토마술로 박사는 시간이 지나면 우리의 인식이 외부 사건들 중 일부를 바꾸어 놓을 수도 있음을 보여준다. 특히 인간관계, 타고난 재능의 사용, 우리의 끈기와 효능과 관련된 일일수록 더더욱 그렇다.

토마술로 박사는 탁월한 스승이다. 그는 컬럼비아 대학교 교육대학원에서 영성심체연구소(Spirituality Mind Body Institute)의 학술 이사로 승진했다. 나는 그가 지난 10년 동안 컬럼비아 대학 학생 수백 명, 아니 수천 명을 가르치는 걸 직접 보아왔다. 토마술로 박사는 숙련된 길잡이로서 각자의 내면을 인식할 수 있는 자리를 소개할 것이다. 그 자리에서 당신은 엄청난 선택권을 행사할 수 있다. 당신은 어떤 일을 떠맡을 수도 있고, 그에 대해 인지적 평가를 내릴 수도 있다. 감정적인 삶을살 수도 있고 정신적 포용을 할 수도 있다. 아니면 연습을 통해 새로운 삶의 방식을 개발할 수도 있다!

이런 내면의 연습에 도전해보기로 마음을 먹었다면, 이제 당신은 어마어마한 해방을 느낄 수 있을 것이다. 마음속에 긍정을 품었다는 것은 충격적이며, 달갑지 않고, 고통스러운 외부 사건에 더 이상 감정적으로 얽매이지 않는다는 뜻이다. 당신에게는 당신이 살고 싶은 삶을 살 자유가 있다. 오로지 당신만이 내적 긍정의 수준을 결정할 수 있다. 그리고 당신을 둘러싸고 있는 모든 사람이 당신의 선택을 곧장 눈치챌 것이다. 직장 동료, 반려자와 자녀, 심지어 기차 옆자리에 탄 사람까지 말이다.

우리는 캄캄한 밤이 지속되는 어두운 시기에 밝은 횃불을 높이 치켜들 수 있다. 아니면 눈부시게 화창한 날이지만 불만을 가득 품고 땅에 주저앉을 수도 있다. 당신은 어떤 삶을 살고 싶은가?

아는 것이 힘이다. 토마술로 박사는 당신에게 긍정심리학 분야 최고의 통찰력을 제공함으로써 당신에게 힘을 실어준다. 그는 심리학에서 가장 중요한 발견에 대해 따뜻하고 명확하며 접근하기 쉬운 목소리로 글을 쓴다. 그는 긍정의 자리로 가는 길의 기억을 돕기 위해 암기법을 만든다. 그는 홀로코스트 생존자 빅터 프랭클처럼 내적 선택을 통해 비극적인 악에 맞선 후에도 건강히 살아남은 실제 인간의 삶을 연대순으로 기록한다. 또한 그는 9/11 같은 집단 트라우마의 시대에도 긍정적인 삶을 선택할 수 있게 하는 우리의 공통적인 능력을 연구했고 이를 공유한다. 끔찍한 역경을 마주하고도 굴하지 않고, 더 배려하고, 더 친근하고, 더 희망찬 사람이 될 수 있다는 것이 외상 후 성장에 대한 연구로써 드러난다.

토마술로 박사는 당신이 최고의 삶을 살기를 원한다.『긍정 효과』에 의해 움직이는 삶 말이다. 당신이 올바른 위치에서 바라보기만 한다면 일류 인생의 비전과 실행은 당신이 직접 통제할 수 있다. 그러한 삶은 단순히 당신에게 찾아오는 사건들에서 찾을 수 있는 게 아니라 여러 선택을 통해서 얻을 수 있다. 내면의 왕좌에 앉아, 당신의 핵심

인물들과 (좋은 일이든 나쁜 일이든) 모든 사건들에 관해 이야기를 나누고, 궁극적으로 기쁨의 삶을 선택해야만 가능하다는 이야기다.

－ 리사 밀러 박사
컬럼비아 대학교 교육대학원 임상 심리학 프로그램의 교수.
아이비리그 최초 영성과 심리학 분야 대학원 프로그램인 영성심체연구소를 설립.
『The Awakened Brain』, 뉴욕타임즈 베스트셀러 『The Spiritual Child』 작가.

들어가며

네 속의 HERO를 찾아라

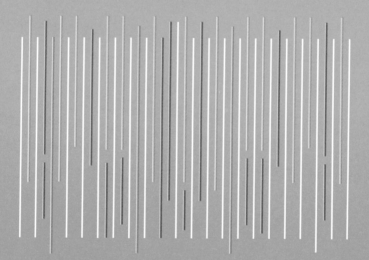

영웅이란 불가항력의 난관에도 불구하고 인내하고 견뎌낼 힘을 찾아
내는 평범한 개인이다.

– 크리스토퍼 리브

당신은 해야 할 일 목록, 즉 'to-do list'에 쫓기면서 잠에서 깨어나는가? 난 그랬다. 아직 끝나지 않았거나 완전히 잊고 있었던 일들의 목록이 매일 아침 나를 기다리고 있는 것 같았다. 매일 같이 새롭게 처리해야 할 일들이 새롭게 생겨났고, 마쳐야 할(혹은 다시 해야 할) 것들의 목록은 점점 더 늘어가는 듯했다. 그 목록이 길어지면서 나의 스트레스와 불안 역시 같이 커졌다. 그럴수록 다른 데에 신경이 팔렸다. 집중하기가 힘들어졌고, 업무를 완성하기가 곤란해졌다. 마감 기한이 다가오는 일들이 너무 많다 보니 잠시 숨 돌릴 틈을 찾기도 힘들었다. 잠은 부족했고 카페인 섭취만 늘어갔다.

매일 자신의 스트레스와 불안 때문에 전쟁이 일어나고 있다 해도, 당신은 혼자가 아니다. 전 세계적으로 불안은 심각한 상황이며 선상한 생활을 방해하는 주된 원인이 되고 있다. 미국만 해도, 18세 이상

인구의 4천만 명 이상이 각종 불안 장애를 겪고 있다. 셀 수 없이 많은 이들이 진단까지는 힘들지 몰라도 여전히 어려움을 느끼는 수준의 만성 스트레스와 불안을 지니고 있다. 스트레스와 불안은 우울증과 신체적 문제로 이어지는 관문이다. 당신이 상당한 수준의 불안을 느끼고 있다면, 의사의 주의가 필요한 의학적인 문제를 안고 있을 확률이 다섯 배는 높아진다. 게다가 불안 장애가 있는 사람은 정신 질환으로 입원할 확률이 여섯 배 더 높다.

그러나 이 책에서 희망, 심지어 유능감, 회복탄력성, 낙관론을 찾을 수 있다.

수많은 사람이 초조해하고, 걱정하고, 불안에 시달리며, 구호의 필요성이 급증하고 있다. 사람들은 대부분 불안해하며, 걱정하고, 신경이 곤두서 있다. 다들 심각한 상태로 하루를, 한 주를 겨우 견디고 있는 동안, 수면 아래에서는 무언가가 계속 부글거리면서 우리의 생각을 장악할 준비를 하고 있다. 심각한 스트레스와 불안을 겪는 사람 중 치료받기 위해 병원을 찾아가는 이는 3분의 1에 불과하다. 불안은 왜 이토록 널리 퍼져있으면서도 치료의 대상이 되지 못하는 걸까?

불안을 겪는 사람들은 정신과 의사나 심리학자보다 일반의사, 내과 전문의, 또 다른 분야의 전문의를 찾아가는 경향이 많다. 그들이 원하는 것은 그저 불안감을 없애는 것이다. 어떤 면에서는 좋은 소식이라 할 수 있다. 어쨌든 증상을 치료하려고 노력하기 때문이다. 하지만 또 다른 면에서 보면 이 역시 문제가 될 수 있다. 그들이 반드시 정신

건강 전문가의 도움을 찾는 게 아니기 때문이다. 불안의 뿌리를 제대로 치료하지 않으면, 불안은 더더욱 우리를 방해할 수 있다.

불안 때문에 나타나는 신체 증상에는 심계 항진(두근거림), 근육통, 긴장, 떨림, 발한, 숨 가쁨, 불면증이 있다. 피로, 집중 곤란, 가슴 통증, 턱 통증, 발진, 배탈, 심지어 지속적인 딸꾹질, 이명 등도 포함된다. 이런 증상 때문에 우리는 의사를 찾아가게 된다. 하지만 의사는 신체적인 증상을 (보통 약으로) 완화하는 법을 배운 사람이지, 불안의 정신적이고 심리학적인 원인을 치료하는 법을 배운 사람은 아니다. 그러므로 병원을 찾아간 수많은 이들은 불안의 증상을 치료할 뿐 그 뒤에 숨어있는 불안의 이유를 치료하지는 못하는 것이다.

하지만 우리는 알고 있다. 무언가를 핵심적인 수준에서 치료하지 않으면 그 증상은 다시 돌아온다는 것을 말이다. 불안과 우울은 특히나 더 그러하다. 사람들은 일반의가 처방한 약 (보통 불안 증상을 완화할 수 있는 항우울제)를 한동안 먹게 된다. 일시적으로는 효과가 있겠지만, 약을 끊으면 증상은 다시 돌아온다. 더욱 걱정스러운 것은, 연구에 따르면 이런 환자의 거의 70퍼센트가 실제로 임상 우울증의 기준을 충족한 적이 없으며, 거의 40%가 불안 장애의 기준에 부합하지 않으면서도 불안 증상으로 치료를 받고 있다는 점이다. 이러한 접근법이 효과가 없는 데에는 수많은 이유가 있다.

이에 관해 연구가 진행되었다. 하버드 의학전문 대학원의 이빙 커시는 수많은 논문의 자료를 분석하여 항우울제 치료 효과의 전반적인 동향을 알아냈다. 커시 박사의 연구에 따르면 불안과 우울을 치료하기 위한 약물은 처음 먹었을 때는 도움이 될 수 있으나, 증상의 재발을 막지는 못한다. 근본적으로 기분이 나아져서 약 복용을 멈추면 똑같은 증상이 다시 나타난다는 게 과학적으로 증명되었다.

다르게 말하면, 약물 치료는 약물을 먹고 있는 중에만 효과가 있다. 불안을 낮추기 위해서 약을 먹는 것은 불안의 치료나 예방에는 도움이 되지 않는다. 대신 불안을 계속 통제하기 위하여 수많은 부작용을 겪으면서도 약에 의존할 수밖에 없도록 만든다. 여기서 짚고 넘어가야 할 것은, 약이 도움이 안 된다고 말하는 게 아니라는 점이다. 도움은 되나, 주된 항불안제인 벤조디아제핀이 불안을 줄여주는 대신 의존성, 중독성, 남용을 일으킨다는 사실이 오래전부터 알려져 있다. 일시적으로 불안을 줄여주긴 하나 그 원인을 파악하지는 못한다는 뜻이다. 이는 지속가능성은 실패한 치료 성공이라고 말할 수 있다. 그래서 약이 효과가 있는지 묻는다면 내 대답은 예스이자 노이다. 치료 단계에서는 예스, 원인 치유 단계에서는 노라는 뜻이다.

스트레스와 불안의 어떤 측면이 두려움, 망설임, 마음의 동요를 만들어냈기 때문에, 당신은 처음부터 도움을 구하지 못했을 수 있다. 당신이 (아마도 항우울제나 항불안제 약으로) 증상을 완화했든, 아니면 어떤 치료도 시도하지 않고 있었든, 망설일 수 있다는 점을 충분히 이해한다. 당장 새로운 것에 도전할 준비를 하면서 망설이지 않았을 수도 있지만, 어쨌든 망설이는 감정을 느꼈어도 정상적이라는 뜻이다.

당신은 자신의 감정을 통제하지 못한 것에 부끄러움을 느낄 수도 있고, 장애 딱지가 붙는 것을 두려워할 수도 있으며, 어떤 치료든 그 효과를 믿지 못할 수도 있다. 약물에 대한 중독과 의존을 걱정할 수도 있고, 단순히 치료 과정이 어떠한지 배우고 싶어 할 수도 있다. 불안은 극도로 흔한 것임에도, 당신은 정신 질환과 관련된 오명이나 다른 진단 결과를 두려워하는 사람 중 한 명일 수 있다. 또는 치료를 감당할 돈이 없다고 생각하거나, 혼자서도 해결할 수 있다고 믿었을 수도 있고, 어디에서 치료받아야 할지 몰랐을 수도, 혹은 강제로 약을 먹어야 하는 줄 알았을 수도 있다.

이 모든 걸 고려해 보았을 때, 수많은 사람이 치료를 받으러 가지 않는다는 게 이해가 된다. 결과적으로 그들은 절망감과 싸우고 있을 수 있고, 자신의 미래에 대해 아무런 주체 의식을 느끼지 못하고 있을 수 있다. 이런 감정은 그들을 부정적인 감정의 소용돌이에 꼼짝없이 갇힌 채 아무것도 하지 못하게 만들 수 있다. 그럼 이제 이 소용돌이에서 나오는 법을 배우기 전에 이 소용돌이를 더욱 자세히 들여다보도록 하자.

부정성의 과학

우리가 어떻게 걱정하는지 과학은 알고 있다. 우리 뇌는 부정적인 생각의 굴레에 빠지기 시작하면 미래에 긍정적으로 영향을 미칠 방법은 보지 못하게 된다. 미래에 대한 고민은 더 많은 불안과 걱정을 낳고, 이는 절망감을 느끼게 만들며 결국 부정적인 생각만 더욱 쌓여간다.

토니 상을 수상한 뮤지컬 '어 스트레인지 루프(A Strange Loop)'는 이를 매우 효과적으로 그려낸다. 주인공 어셔는 미래를 생각하며 자신의 부정적인 생각을 맡은 출연자와 상호작용한다. 어셔가 이 부정성의 굴레에서 벗어나려고 해도, 의인화된 부정적인 생각(넌 네가 뭘 하는지 모르지, 넌 이걸 할 수 없어, 넌 네가 누구라고 생각하니?)이 더욱 자주, 더욱 강력하게 나타난다.

부정적인 생각은 줄어들 기미가 보이지 않는다. 부정성은 불안과 걱정의 보이지 않는 샘에서 솟아나기 때문이다. 일상생활의 부담은 우리를 압박하고, 마찬가지로 우리의 내면생활도 힘들어진다. 하지만 과학적으로 확실한 것은 스트레스 요인 그 자체보다 뒤따라오는 반복적인 부정적 생각이 우리에게 더 많은 영향을 끼친다는 것이다. 소로가 말했듯 중요한 것은 무엇을 보느냐가 아니라, 무엇을 깨닫느냐이다.

다음과 같은 부정적인 생각이 익숙하게 들리는가?

난 충분하지 않아.

내가 다 망칠 걸 알아.

난 절대 내 불안을 감당하지 못할 거야.

난 너무 늙었어.

난 운이 없어.

그냥 포기해야 할 거야.

완벽하지 못하다면 실패야.

내가 망쳤어. 이제 모든 게 다 끝이야.

난 내가 원하던 사람이 결코 되지 못할 거야.

난 충분히 강하지 못해.

난 너무 어려.

난 지금보다 더 나아져야 해.

내가 할 수 있는 게 아무것도 없어.

다른 사람들은 내가 멍청하다고 생각할 거야.

그들은 날 좋아하지 않아.

아무도 날 신경 쓰지 않아.

아무도 날 사랑하지 않아.

난 늘 실수해.

난 절대 실수해서는 안 돼.

난 멍청해.

난 패배자야.

기절할 것 같아.

미칠 것 같아.

내가 흥분해도 아무도 날 돕지 않을 거야.

바보 같은 짓을 해서 당황하게 될 거야.

난 이기지 못해.

너무 늦었어.

내가 그걸 어떻게 해?

난 충분히 똑똑하지 못해.

내가 뭘 하든 변하는 건 없어.

난 도대체 뭐가 문제일까?

차라리 죽는 게 낫겠어.

내 감정을 통제할 수 없어.

난 실패자야.

난 못 해.

어떤 말이 당신의 마음속에 울려 퍼지고 있는가. 특히 어떤 것이 반복적으로 들리는가. 2 챕터에서 우리는 이것들을 먼저 목표로 삼을 것이다. 왜냐하면 부정적인 생각은 웰빙의 가장 큰 장애물이기 때문이다.

부정적인 생각이 끊임없이 반복되는 내면세계는 소용돌이치는 물과도 같다. 당신을 계속 한 자리에 머물게 하면서 동시에 아래로 끌어당긴다. 이런 상황이 오랫동안 지속되면 내면의 혼란스러움이 밖으로, 다른 사람에게로 표출될 수 있다.

그들이 저런 모습을 믿을 수 없어.

저들은 대체 뭐가 문제야?

저러면 안 되는 거지.

저건 옳지 않아.

저들은 도대체 뭘 하는 거야?

그냥 나 혼자서 해야겠다.

결국 우리는 남들을, 우리 자신을, 또는 둘 다를 비판한다. 이 비판의 사이클은 쉴 새 없이 악순환을 계속한다.

우리는 걱정하는 법을 배웠기 때문에 하나의 종으로 이 세상에 살아남았다. 우리는 걱정스러운 생각을 하는 성향이 있으며 과학자들은 이걸 부정성 편향이라고 부른다. 원래 인간은 무엇이 우리에게 상처를 줄지 계속 걱정하게 되어 있다. 시간이 지나며 걱정을 점점 더 강조하게 되었고, 긍정적인 감정은 경솔한 것과 다름없는 취급을 받게 되었다. 우리는 긍정적인 감정에 오래 머무르지 않는다. 일반적으로 즐거움을 경험하거나 다른 사람들과 유대감을 느끼고 나면, 우리는 곧바로 다음 해야 할 일에 대해 걱정하기 시작한다. 결과적으로 불안의 덫이 우리를 함정에 빠트리듯이, 부정성의 벽이 우리를 둘러쌀 수 있다. 이는 잔인한 악순환 그 이상이다. 이 악순환은 덫이 되어 우리의 삶을 괴롭힐 것이다.

이 책이 여러분을 자유롭게 하는 데에 도움을 줄 것이다. 방법은 이러하다.

선택 : 진정한 자유를 얻느냐, 유혹의 덫에 빠지느냐?

당신을 돕기 위한 노력 중, 대부분의 약, 심리요법, 대처 기술은 스트레스와 불안 증상의 축소를 목표로 삼고 있다. 치료사와 의사는 이 문제 증상을 최소화하려고 애쓰지만, 과연 그 문제를 최소화하려고 애쓰는 것이 당신의 고통을 완화하는 유일한 방법일까?

대처의 과학과 실행은 증상 감소를 통해 고통을 완화하는 데에 집중한다. 치료사와 의사는 대부분 증상을 줄이기 위해 증상에 대처하는 기술과 실천을 훈련받았다. 제약 회사도 같은 접근을 하고 있기에, 증상을 치료하고 그 효과를 줄이면 환자는 치료될 거라고 말한다. 사실, 약학과 심리학의 역사를 들여다보면, 연구와 실제 치료는 거의 전적으로 증상 완화, 교정, 회복에 집중해 왔다.

나아가 사람들은 최상의 약과 최상의 심리치료를 결합하는 방법에 큰 노력을 기울였다. 이 말인즉슨 증상을 줄이는 노력을 서로 결합하면 더 나은 결과를 얻게 될 거라 믿었다는 것이다. 대부분의 정신건강

전문가는 이를 추천했고, 각종 연구도 이 의견을 지지했다. 주요 의학 저널 중 하나는 스트레스와 불안을 치료하기 위해 항우울제와 인지행동치료(CBT)를 함께 사용하기를 추천한다. 약물과 CBT 모두 증상을 완화시키는 데 효과가 있기 때문이다. 많은 연구자는 CBT가 불안과 우울에 가장 좋은 치료법이라고 생각한다. 메타 분석 연구(같은 문제에 대한 다른 많은 연구들을 살펴보는 대규모 연구)를 통해 분석하니, 성인의 약 48%가 어느 정도의 차도(증상의 중단)를 경험하고, 18세 미만의 청소년 중 최대 45%가 좋은 결과를 얻는다고 한다.

하지만 CBT 역시 약물과 마찬가지로 재발 문제가 있다. 연구에 따르면 CBT는 치료 단계에서는 많은 이들에게 효과적이나, 치료를 한 번이라도 멈추면, 절반 이상이 다음 해 안으로, 80퍼센트는 6개월 안으로 재발을 겪게 될 것이다. 전문가가 항우울제와 CBT라는 두 방법을 결합하여도 그 결과는 나아지지 않는다는 것이다. 치료 중의 증상 감소가 아닌 치료 후의 재발 문제를 생각했을 때 이러한 공동 개입은 아직 충분한 효과를 내지 못한다. 실제로 효과가 있었던 치료 단계 중의 평균 성공률은 여전히 50퍼센트에 불과하며, 재발률을 생각하면 더욱 낮다.

만약 각각의 방법들이 부분적으로만 효과가 있고, 함께 사용해도 영구적인 상황 개선을 이뤄내지 못한다면, 우리는 과연 어떻게 해야 하는 것일까? 증상 완화는 분명 숭고한 목표가 될 수 있지만, 증상 완화에만 집중하는 것은 큰 효과를 거둘 수 없다. 왜냐하면 치료가 끝나면 증상은 다시 돌아오기 때문이다. 그럼 단순히 치료를 지속하면 어떨까. 만약 약물 치료라면 부작용, 의존, 무력감, 잠재적 중동이라는 부작용을 일으킬 수 있다. 증상을 줄이기 위한 심리학적 개입도 처음엔 효과가 있을지 몰라도 거듭될수록 그 효과가 없어진다.

무언가 새로운 것이 필요하다. 지금과는 다른 접근, 지금과는 다른 웰빙의 지표가 필요하다. 단기간 고통을 없애는 치료로는 충분하지 않다. 이 방법엔 결국 재발만 따를 뿐이다. 우리에겐 지속 가능한 무언가가 필요하다. 더 많은 희망과 믿음을 주는 방법, 완전한 치유의 결과로 얻을 수 있는 생명력에 초점을 맞추는 방법이 필요하다.

주요 (대규모) 메타 분석 연구도 사람들의 문제를 근본적으로 치료하기 위해서는 재발을 줄여주는 더 나은 치료적 개입이 필요하다는 사실에 동의한다. 더 효과적인 치료적 개입은 그 문제에 대한 다른 사고 방식을 요구한다. 그러니 이제 다른 눈으로 불안을 바라보도록 하자.

번영, 번창, 웰빙의 과학

지난 20년간 심리학은 고통 경감의 중요성으로부터 다른 곳으로 눈을 돌려왔다. 이제는 많은 이들이 웰빙을 증진시키는 방법을 찾고 있다. 이 새로운 강조점은 긍정심리학이라는 분야에 속해 있으며, 그것을 적용하는 방법에 대한 세부 내용은 긍정심리치료라고 일컫는다.

이 접근법은 당신이 긍정적인 감정을 경험하도록 돕고, 동시에 부정적인 감정은 제거하도록 가르침으로써 변화를 도모하도록 하는 것이다. 전 세계의 연구는 웰빙의 증진이 부정성을 낮추는 가장 효과적인 방법이라는 사실을 거듭 보여준다. 각자의 힘을 이용하면서 긍정적인 감정을 증진시키는 것이 스트레스, 걱정, 불안의 경험을 낮추는 가장 성공적이고 효과적인 도구로 부상하고 있다.

이것은 웰빙에 대한 근본적으로 다른 접근법이다. 증상 완화는 이 작업의 절반을 맡게 되고, 긍정성 향상을 위한 특별한 개입이 나머지 절반을 맡게 된다. 부정성 감소와 긍정성 감소가 동시에 일어나지 않으면 성공할 수 없다는 연구가 있다.

우리가 스트레스를 받고 걱정하는 상황에서는 긍정적인 생각과 부정적인 생각이 흔히 균형을 잃기 때문이다. 부정적인 생각은 자갈돌과 같고 긍정적인 생각은 깃털과 같다고 상상해 보라. 과연 깃털로 저울의 균형을 맞출 수 있을까? 긍정의 방향으로 저울을 기울일 수 있을까? 짧게 대답하자면, 예스이다. 대신 그러기 위해서는 굉장히 많은 깃털이 필요하다.

약물이나 전통적인 치료법을 통한 접근은 시소에 놓여있는 부정적인 생각을 치워버리고 자갈돌이 쌓이지 않게 막는 방법이라 할 수 있다. 하지만 그렇게 한다고 해서 깃털이 모이진 않는다. 결국 다시 균형을 맞췄을 때는 모래알 하나로도 저울을 기울게 할 수 있고, 결국 부정적인 감정과 불안이 다시 우위를 점하게 된다. 깃털이 있을 자리에 긍정적인 게 아무것도 남아있지 않다면 결국 재발하게 될 것이다. 당신은 자신의 힘을 이용하여 긍정적인 감정을 추가해야 할 필요가 있다.

이런 식으로 긍정심리학은 문제의 절반을 해결할 수 있다. 이 책에서 제안하는 접근법은 약물과 전통적 치료법과 함께 2인용 자전거를 굴릴 수 있도록 설계되었다. 우리는 공구 상자에 긍정심리학의 발견을 추가하고 싶다. 다른 무언가를 빼고 그 자리를 대체하는 것이 아니라 방법을 더하고 싶다는 뜻이다.

저울에 자갈돌이 던져지면, 그것을 제거할 수 있는 더 강력한 권한을 가질 필요가 있다. 더불어 동시에 긍정성을 추가하는 방법도 배워야 한다. 그러다 보면 회복탄력성을 얻게 되어 어렵고 힘든 경험에도 성공적으로 적응하고 새롭게 시작할 수 있게 된다. 손꼽히는 회복탄력성 연구자 조지 보나노 박사는 이 과정을 '건강하게 기능하는 안정 궤도'라고 말한다.

이 접근법은 매우 역동적이다. 자갈돌이 늘어나는 것을 막기 위해 애쓰는 동시에, 더 많은 깃털을 찾고 모으는 법을 배워야 하기 때문이다. 부정적인 생각을 제거함으로써 저울의 균형을 맞추는 법을 한 번 알게 되면, 더 많은 긍정적 생각을 추가하여 부정적인 것의 접근을 막을 수 있다.

CBT의 과학과 실행은 우리의 힘과 긍정적인 감정을 활성화시키는 연구를 활용함으로써 증폭되고, 연장되고, 증진될 수 있게 되었다. CBT의 창시자 아론 백은 세상을 뜨기 전 개인적인 편지에서 미래의

CBT 연구에 긍정적인 감정이 큰 도움이 될 것이라며 긍정심리학의 창시자 마틴 셀리그만 박사에게 감사를 표시했다. 우리가 이미 알고 있는 과학이라도 거기에 창의적이고 새로운 접근법이 적용되면 예전보다 더 많은 것을 알 수 있게 된다. 이 경우에는 그 새로운 접근법이 바로 웰빙의 원인을 키워나가는 것이다.

웰빙의 종류

웰빙은 당신의 신체 건강, 정신건강에 영구적 영향을 줄 수 있다는 사실이 과학적으로 밝혀졌다. 인생에서는 웰빙의 원인이 되는 자본에 네 가지 종류가 있다. 재정(무엇을 가졌는가), 인간(무엇을 아는가), 사회(누구를 아는가), 심리(당신은 누구인가).

- 무엇을 가졌는가는 돈, 유형 자본, 유형 재화같이 당신이 언제든지 쓸 수 있는 물적 자원과 관련 있다.
- 무엇을 아는가는 당신의 지식, 기술, 아이디어, 교육이 될 수 있다.
- 누구를 아는가는 사회적 자본으로 당신의 관계, 친구, 관계망 등을 일컫는다.
- 당신은 누구인가는 심리적 자본으로『긍정 효과』에 관한 모든 것이 여기에 속한다.

웰빙을 긍정적인 방향으로 이동시키기 위해서는 네 가지 서로 다른 감정 기술이 필요하다. 이 네 가지 방법은 심리적 자본이라고 알려져 있으며 구체적으로 다음과 같다.

희망(Hope) : 스스로 미래를 통제하고 있다고 믿고 주체적으로 행동하기

유능감(Empowerment) : 과거의 성공을 이용하여 자신감 갖기

회복탄력성(Resilience) : 현재의 유연한 사고방식을 키워 준비성과 용기 기르기

낙관주의(Optimism) : 과거를 설명하고 미래를 기대하는 방식을 전환하여, 균형감과 확신 얻기

이와 같은 기술을 영어 앞글자를 따 HERO라고 부르기도 한다. 이 각각은 자기 조절이라는 핵심 기술에 의존한다. 내가 원래 E 자리를 맡고 있는 '자기효능감(self-Efficacy)' 대신 '유능감'라는 단어를 썼다는 사실에 주목하자. 자기효능감은 한 상황에 영향을 줄 수 있는 개인 능력에 대한 믿음으로, 보통 자신감을 뜻한다. 유능감은 자기효능감에 앞서는 개념, 자기효능감의 원인에 해당하는 것으로 이 책에 더욱 적합하다.

이 책은 당신 내면의 HERO에 접근하는 방법을 알려준다. 당신은 희망을 키우고, 유능감을 도모하며, 회복탄력성을 개발하고, 낙관주의를 고취할 구체적인 방법을 배우게 될 것이다. 우리는 모두 이 자원

을 가지고 있지만, 이것이 번창하는 데 필요한 감정적 영양분을 공급받지 못해 개발을 시키지 못했다. 심리적 자본의 힘을 발현시킬 열쇠는 자기 조절을 배우는 것이다. 즉 자신의 인식을 통제해야 한다는 뜻이다. 인식은 직접적으로 당신의 감정과 경험을 더욱 긍정적인 것으로 변화시킬 수 있다. 그렇게 했을 때 기대할 수 있는 것을 살펴보자.

'긍정 효과'는 어떻게 경험할 수 있는가

이 책을 읽어나가다 보면, HERO와 관련된 새로운 과학에 대해 배우게 될 것이다. 직접 실천할 기회를 얻게 될 것이며, 더욱 희망적이고, 역량 있으며, 회복탄력성 있고, 낙관적인 사람이 되는 법을 배우게 될 것이다. 증거에 기초한, 증거 정보에 근거한 개입을 통해, 자갈돌이 쌓이는 걸 막고 깃털을 더할 수 있게 될 것이다.

챕터 1에서는 다른 시선으로 바라보는 방법을 가르친다. 당신이 생각하고 느끼는 바를 근본적으로 변화시키기 위해서는, 당신이 보고 받아들이는 방식부터 먼저 변화시켜야 한다. 간단한 평가를 통해 당신이 현재 자기 삶을 얼마나 긍정적으로, 또는 부정적으로 보는지 이해하게 될 것이다. 이미 습관이 되어버린 시각 패턴도 새롭게 인식하게 될 것이다. 이런 습관을 깨고 세상을 새롭게 보고 반응하는 법을 배우도록 돕는 훈련도 소개할 것이다.

챕터 2에서는 '희망'이라는 새로운 과학을 소개한다. 희망에는 우리의 해석을 변화시킬 수 있는 힘이 있다. 이 챕터에서는 희망, (종교적) 믿음, 낙관주의의 차이를 이해하고 희망의 기회를 제대로 인식하는 것에 초점을 맞출 것이다. 희망은 긍정적인 감정 중 유일하게 부정성이나 불확실성이 있어야 활성화된다. 희망을 얻기 위한 가장 핵심적인 기술은 무언가를 부정적인 것으로 판단하는 인식에서 벗어나는 법을 배우는 것이다. 그래야 사건이나 상황을 다른 측면에서 바라볼 수 있기 때문이다. 그러다 보면 같은 사건도 더 새롭게, 더 희망적인 방식으로 해석할 수 있게 된다.

챕터 3은 우리 뇌에 대한 특강이다. 우리의 뇌가 어떻게 컴퓨터 검색 엔진처럼 작동하는지, 유능감을 가지고 있는 사람은 그 작동법을 어떻게 깨우쳤는지 알아볼 것이다. 또한 긍정적인 감정이 미래를 향한 더 나은 계획 세우기에 어떻게 도움이 되는지, 왜 자기 관리가 상승하는 소용돌이에 빠져드는 최선의 방법인지, 이 모든 것들이 어떻게 자신감을 이끌어내는지 여러 가지 연구와 실습을 통해 다뤄볼 것이다.

챕터 4는 예상하지 못한 일에 탄력적으로 반응하는 것이 결과를 결정하는 데에 얼마나 중요한지를 강조한다. 차에 있는 내비게이션처럼, 당신이 갑자기 길에서 벗어났을 때는 목적지로 향하는 경로의 재탐색이 필요할 수 있다. 챕터 4에서는 유연한 사고방식 키우기, 그리고 라이언 니믹 박사가 개발한 기술인 '멈춤' 상태 체험을 통해 힘든 상황에서 효과적으로 대응하는 법을 배우게 될 것이다.

챕터 5에서는 좋은 일이 일어날 것이라는 믿음, 즉 낙관주의의 극적인 결과를 보여준다. 좋든 나쁘든 우리가 어떤 일이 일어날 거라 기대하고 믿는 마음가짐이 우리의 경험과 결과에 막대한 영향을 끼치게 된다. '가능한 최고의 자신'을 마주하는 법을 배움으로써, 미래로부터 긍정적인 감정을 불러오는 법을 깨우치게 될 것이다. 또한 낙관적인 사고방식의 개발법도 배우게 될 것이다.

챕터 6은 미래를 지속 가능하게 만들어주는 세 가지 방법을 이해함으로써, 이전과는 다르게 행동할 수 있도록 방법과 근거를 제시한다. 첫 번째는 특히 장애물에 대처하는 기술과 더불어 자기 조절 능력에 대해 더 깊이 배우는 것이다. 두 번째는 외상 후 성장(PTG)을 현상을 알아보고 외상적 사건을 겪은 후 눈부신 성장을 이루는 법을 배울 것이다. 마지막으로, 적응적이고 조화로운 형태의 열정이 웰빙에 어떻게 도움을 주는지 알아볼 것이다.

책을 읽으며 그 과정을 기록하기 위해 노트를 준비하는 걸 추천한다. 손으로 직접 쓰는 것이든, 디지털이든 상관없다. 각각의 탐구를 경험할 때 어떤 일이 벌어지는지 바로 깨닫기를 바라기 때문이다. 그래야 그 효과를 곧바로 판단할 수 있다. 가능하면 바로바로 그때마다 연습해 본다. 책부터 읽고 나중에 하려는 유혹에 빠지기 쉽지만, 바로 경험을 해 봐야 당신의 관점이 어떻게 변화하는지, 뇌가 정보 처리 방법을 어떻게 조절하는지 제대로 이해할 수 있고, 그 효과도 비로 발견할 수 있다. 이는 원래 이 책에서 계획한 여정을 뒷받침해 줄 것이며,

당신의 노트만 봐도 무엇이 어떻게 영향을 미쳤는지 떠올릴 수 있게 해 줄 것이다. 어떤 기술을 설명하거나 주장을 밝힐 때 실제 사례나 예시를 사용했는데, 식별이 가능한 세부 정보나 이름은 개인 정보 보호를 위해 변경했다.

긍정 효과는 긍정적인 생각, 느낌, 행동의 비율이 부정적인 것에 비해 지속적으로 많을 때 생겨난다. 당신 내면의 HERO는 깨어날 준비가 되어 있지만, 그 전에 알아야 할 중요한 사실이 하나 있다. 당신은 이 프로그램을 시작할 준비가 되어 있는 게 아니다. 오히려 이미 시작했다고 볼 수 있다. 지금 이 책을 읽고 있는 당신의 시작하려는 용기, 참여하려는 호기심, 계속하려는 끈기를 존경한다. 지금 이 도전에 필요한 것이 바로 용기, 호기심, 끈기이다.

잠시 돌이켜 보자. 당신은 이미 이 특성들을 가지고 있었는데도 눈치채지 못했을 수 있다. 하지만 용기, 호기심, 끈기는 늘 당신과 함께해 왔다. 그것들은 당신의 믿음을 나타낸다. 변화가 가능하다는 믿음, 스스로 인식을 바꿀 수 있다는 믿음 말이다. 당신은 이미 긍정 효과를 실현하기 위한 길을 걷고 있다.

나는 이런 특성들을 존경한다. 그것들은 당신이 어떤 상황을 마주하고 꺼내놓는 타고난 재능이기 때문이다. 그것들은 당신의 깃털이며, 앞으로 더 많은 깃털을 발견하게 될 것이다.

이제 그걸 찾아 나서 보자.

스트레스와 불안의 부정성,
스스로 바꿀 수 있다

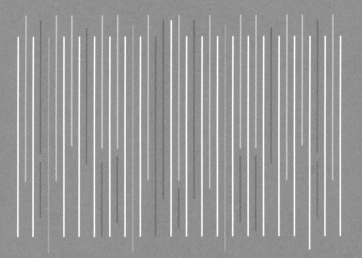

문제는 당신이 무엇을 보느냐가 아니라, 무엇을 깨닫느냐이다.

− 헨리 데이비드 소로

1984년 영화 〈베스트 키드(The Karate Kid)〉의 주인공 다니엘은 고등학교 불량배들에게서 자기 자신을 지키는 법을 찾던 중, 미야기 씨에게 가라테를 배우게 된다.

미야기 씨는 다니엘을 자신의 집으로 부른 뒤, 자동차 왁스 칠 같은 하찮은 집안일을 며칠 동안 반복해서 시킨다. 미야기 씨는 다니엘에게 오른손을 시계 방향으로 돌리며 차에 '왁스 바르기', 왼손을 시계 반대 방향으로 돌리며 '왁스 닦기'를 하도록 가르친다. 이런 반복적인 손동작을 며칠 동안 하고 났더니, 다니엘은 근육 기억을 통해 일련의 방어 동작을 발전시킬 수 있게 된다. 이를 계기로 다니엘은 결국 가라테 챔피언이 된다. 반복적인 학습이 그의 성공에 얼마나 중요한 것인지 처음엔 다니엘도 알지 못했다.

당신의 생각을 바꾸는 능력에도 반복이 필요하다. 영화 속 다니엘이 그랬던 것처럼, 인식 변화를 위한 기조 훈련을 하지 않으면 당신 역시 개선될 수 없다. 앞으로 당신은 근육 기억 대신 감정 기억을 발전시킬 것이다. 이런 긍정적인 습관을 '왁스 바르기'로, 무언가를 부정적으로 해석하려는 시도를 막는 것을 '왁스 닦기'로 볼 수 있다. 우리에게는 이런 기본적인 기술이 둘 다 필요하다.

이 챕터에서는 그런 기본적인 기술의 시작점, 바로 평화와 기쁨을 가져다주는 대상을 적극적으로 찾는 법에 대해 집중할 생각이다.

부정적인 생각에 압도당하지 않고 극복하기

우리가 하루 동안 하는 생각의 수는 6,000개 정도 된다고 한다. 그런데 앞서 알려진 대로 우리 생각 중 80퍼센트는 부정적인 것이다. 즉 우리들 대부분은 매일 같이 대략 5,000개의 부정적인 생각에 파묻히게 되는 셈이다. 우리는 습관의 노예이며, 익숙한 것에 이끌린다. 그 익숙한 것이 부정적인 것이라면, 우리는 부정적인 생각에 빠질 것이다.

당신이 제시간에 일 끝내기, 공과금 내기, 어려운 사람 상대하기, 다가오는 마감, 시험, 발표 등을 걱정할 때마다, 저울의 부정적인 쪽에 조약돌 하나가 추가된다. (연구 결과처럼) 부정적인 생각을 반복하면 조약돌은 또 추가된다. 계속되는 생각의 되새김은 결국 당신의 저울에 부정적인 조약돌을 퍼붓는 꼴이 된다.

이제 긍정적인 생각을 하면서 그에 상응하는 감정을 느낀다고 상상해 보자. 주말에 친구가 당신을 보러 오고, 당신은 그 순간을 기다리고 있다던가, 오랫동안 기다렸던 적금이 만기 되는 때를 생각하자. 긍정적인 생각과 감정은 저울의 반대편에 놓이게 될 것이다.

하지만 앞서 말했듯 긍정적인 생각과 감정은 그 크기가 자갈돌, 심지어 잘게 부서진 자갈에도 미치지 못한다. 당신이 반대편에 놓게 되는 것은 깃털이다. 위의 통계가 사실이라면, 매일 우리는 한쪽 저울에 5,000개의 자갈돌을, 다른 쪽에는 1,200개의 깃털을 내려놓는 것이다. 이건 게임이 되지 않는다.

심지어 긍정적인 생각과 부정적인 생각의 수가 같더라도, 부정적인 쪽이 여전히 더 무게가 많이 나갈 것이다. 바로 부정성 편향 때문이다. 이런 이유로 저울에 올려놓는 자갈돌의 숫자에 제한을 거는 것으로는 아무런 효과가 없다. 5,000개의 자갈돌을 4,000개로 줄인다 한들 변화는 일어나지 않는다. 우리는 여전히 부정적인 생각에 빠질 것이다. 하지만 부정적인 생각의 숫자를 10까지 줄이면 어떨까? 하루에 조약돌 딱 10개. 확실히 우리 기분이 나아지지 않을까?

반드시 그렇지는 않다. 마치 불량배가 당신을 하루에 일곱 번 괴롭히느냐, 두 번 괴롭히느냐 하는 것과 같다. 물론 확실히 나아지긴 할 것이다. 그렇지만 불량배에게 괴롭힘을 당하고 있다는 그 상황 자체에는 변화가 없다. 즉 당신은 여전히 위험을 무릅쓰고 있다.

조약돌이 얼마나 적은지는 중요하지 않다. 반대편에 충분한 양의 깃털이 없다면 불안, 걱정, 부정적인 생각을 이겨낼 수 없다.

연구에 따르면 (쉽지 않은 경험에 성공적으로 적응하는) 회복탄력성을 기르는 주요한 방법은 긍정적인 생각을 키우는 것이다. 챕터 4에서 더 자세하게 다루겠지만, 지금 당장 이해해야 하는 것은 걱정, 불안, 부정적인 생각을 줄이는 것만으로는 지속 가능한 변화를 가져올 수 없다는 사실이다.

긍정적인 생각이 부정적인 생각을 넘어서지 않는 한 아무것도 효과가 없다. 말 그대로 그 아무것도. 부디 잠시 시간을 내서 이게 무슨 의미인지 깨닫길 바란다. 아무리 부정적인 생각을 멈춘다 해도 그 생각이 다시 돌아오는 것을 막기에는 역부족이다. 불량배들은 그들이 당신을 위협할 수 없다는 사실을 깨달을 때까지는 계속 당신의 점심값을 빼앗을 것이다. 불량배들 스스로가 당신에게 위협이 되지 않음을 깨달으면, 즉 당신 주위에 힘센 친구들이 많고, 당신의 긍정적인 감정의 깃털이 충분함을 깨달으면, 그들은 당신을 향한 통제력을 잃게 될 것이다. 더 많은 희망, 자율권, 회복탄력성, 낙관주의를 품게 되는 이러한 변화를 과학자들은 정서 균형이라고 부른다. 좀 더 긍정적인 쪽으로 균형 이동을 해야 변화를 만들어낼 수 있다.

탐구 당신의 감정 저울

마음속을 스쳐 지나가는 모든 생각을 저울로 잴 수 있게 된다면 어떨까? 특정한 날을 정해 긍정적인 생각과 부정적인 생각을 얼마나 많이 했는지 측정할 수 있게 된다면? 저울 한쪽에는 부정, 다른 한쪽에는 긍정을 내려놓는다고 상상해 보자. 저울은 어떤 모습이 될까? 아마 다음 페이지와 같은 모습이 될 것이다. 양쪽에 적혀있는 단어들을 비교한 뒤 당신을 가장 잘 묘사하는 단어를 골라 노트에 적어 보자.

그리고 왼쪽 저울(자갈돌)과 오른쪽 저울(깃털)에 나눠 담아보자. 왼쪽에 네 개 이상을 담았다면, 오른쪽에 그 두 배를 담더라도 저울은 왼쪽으로 기울게 되고 저울은 균형을 이루지 못할 것이다. 이것이 우리의 현실이다. 하지만 과학과 실행은 우리가 이걸 변화시킬 수 있다고, 그것도 급속도로 바꿀 수 있다고 말해준다.

자갈돌		깃털
걱정	또는	호기심
다른 사람 때문에 불안	또는	바쁨
잘못을 느낌	또는	감정적으로 확고함
긴장	또는	준비된 상태
화/못마땅	또는	성취감
준비 안 됨	또는	감사함
쉽게 산만해짐	또는	관심 갖기
분개	또는	통찰력
우려	또는	감정적 열정
내키지 않음	또는	사려 깊음
아등바등 몸부림	또는	만족
무섭고 두려움	또는	아끼고 사랑함

긍정성을 작동시키는 방법, 바로 긍정성을 찾는 것이다

균형 잡힌 감정의 저울을 얻고 싶다면 지켜야 할 세 가지가 있다. 부정적인 생각의 숫자 줄이기, 긍정적인 생각 늘리기, 그리고 앞의 두 가지 근본 기술을 잘 습득하여 지레 받침을 옮겨 결국 저울을 긍정 쪽으로 기울게 하기.

커다란 깃털 하나로는 저울이 기울어질 수 없다는 것을 알아야 한다. 웬만해서는 그렇게 큰 깃털이 없기 때문이다. 당신이 하루에 5,000개의 자갈돌을 쌓아 올린다면, 그 균형을 맞추기 위해서는 매일 매일 맨해튼 크기의 깃털을 반대편에 올려야 할 것이다. 당신이 여느 평범한 사람들처럼 꿈의 직장, 고마운 파트너, 상당한 수준의 월급 인상, 고급 자동차, 바다 휴가 정도로도 저울이 긍정 방향으로 기울 거라 생각할 것이다. 불행하게도 사실은 그렇지 않다. 당신이 마침내 얻게 된 대단한 결과는 일시적으로 기분을 북돋을 수는 있겠지만, 부정적인 생각은 다시 돌아오게 마련이고 결국 당신의 삶은 또다시 걱정스럽고 초조해진다.

그럼 어떻게 해야 평소에 더 많은 긍정을 가져올 수 있을까? 우선 당신은 이미 당신 주변에 있는 모든 긍정성을 되새기고, 조사하고, 향유하고, 존중해야 한다. 긍정의 감정은 우리가 원하는 만큼 자주 나타나지 않기에, 직접 찾아 나서야 한다. 그러므로 이제 어떻게 해야 본인의 정신에 '왁스 바르기'를 할 수 있을지 깊이 고민해 보도록 하자.

연구에 따르면 사람은 한 번 긍정적 감정을 활성화시킬 수 있게 되면, 자연스레 그것을 더 원하게 되는 경향이 있다고 한다. 중요한 것은, 이 탐구의 목적 달성을 위해서는 부정적인 것 사이에서 긍정적인 것을 골라낼 줄 아는 능력이 중요하다는 사실이다. 예를 들어, 불만 가득한 얼굴 사이에서 미소 띤 얼굴을 찾아내거나, 콘크리트 빌딩 숲 사이에서 작은 공동체 텃밭의 아름다움을 발견하는 것이 여러분의 경험을 향상시킬 수 있다. 긍정적인 감정을 늘리기 위해 세상을 신중하게 바라보는 것을 과학자들은 '상향조절'이라고 부른다. 여러분도 그걸 시도해 볼 기회가 있다.

탐구 바로 눈앞에 있는 평화와 기쁨 찾기

기분이 형편없고 걱정할 것이 한가득해도, 긍정적인 것을 찾을 수 있다. 여러분을 둘러싼 기쁨은 부정성 속에서는 길을 잃는다. 긍정성을 되찾고 증폭시키기 위해서는 신중한 노력을 기울여야 한다. 당장 손에 넣을 수 있는 평화와 기쁨에 집중함으로써, 돌무더기에서 깃털을 뽑아낼 수 있을 것이다.

당신이 어디에 있든 상관없이 바로 그곳에서 당장 시작할 것이다. 주위를 둘러보라. 그리고 노트에 세로 칸 세 개를 그리자.

- 첫 번째 칸에는 '사물'이라 쓴다. 여기에 당신에게 기쁨이나 평화

를 가져다주는 물건, 사물, 이미지를 적는다. 최소 10개짜리 목록을 만들자.

- 두 번째 칸에는 '이유'라고 쓴다. 이 물건이 왜 당신에게 평화와 기쁨을 주는지 그 이유를 적는다.
- 세 번째 칸에는 '기억'이라 쓴다. 그 사물로 환기되는 과거의 기억을 쓴다.

다음은 바로 이 순간 나의 도표이다.

사물	이유	기억
글 쓰는 노트북용 책상	가까운 친구에게 받은 선물	우리의 오랜 우정
커피잔	좋아하는 음식점에서 구매	편안한 기분과 음식
수제 쟁반	다른 친구에게서 받은 선물	새롭게 쌓여가는 우정
무성하게 자란 베고니아 화분	동네 꽃집에서 구매	그 아름다움을 처음 발견함
무쇠로 만든 화분 받침대	낡은 탁자를 용도에 맞게 고치고 손질함	재활용했다는 뿌듯함
전자 노트패드	정리에 큰 도움이 됨	나의 예전 정리 방식이 크게 개선됨
작은 슬레이트 테라스	이걸 짓기 위해 몇 년간 저축함	영감의 순간
낡은 탁자	드디어 제 자리를 완벽하게 찾음	지금 집에 오기 전 이 탁자를 놓았던 장소들

직접 만든 표지판	파트너가 준 선물	사려 깊은 선물에 대한 추억
노트북	승진 후 구매	직장을 선택할 때의 설렘

그럼 이제 도표에서 눈에 띄는 주제를 적어 보자. 내 경우에는 가까운 사람들이 준 선물을 일하는 동안 즐겨 사용하고 있다는 사실이 각별했다. 이 훈련을 해보기 전에는 제대로 인지하지 못하고 있던 사실이었다.

주변을 인식하고, 이미 존재하던 평화와 즐거움을 찾아낼 줄 알게 되면 당신의 감각, 기억, 이미 가지고 있는 것에 대한 감사함이 되살아난다. 잠시 멈춰 이런 식으로 긍정적인 생각을 하게 되면 당신은 긍정성을 알아채고, 감사하게 생각하고, 그 감정을 증폭시킬 수 있다. 지금 이 순간 당신의 긍정적인 감정을 즐겨 보자.

이미 존재하는 긍정성을 찾고 그것을 인식하기 시작하면 저울 위에 수많은 깃털을 올려놓을 수 있게 된다. 이 훈련은 웰빙학의 선구자 탈벤 샤하르의 격언, '당신이 장점에 감사하면 그 장점은 더 가치가 오른다'를 증명한다. 벤 샤하르 박사는 아름답게 공들여 만든 격언 안에 과학자들이 '상향조절'을 연구하는 이유를 핵심적으로 담아놓았다. 더 긍정적인 것에 신중하게 주의를 집중할 때, 당신은 인식을 확장시킨다. 그렇게 함으로써, 당신은 긍정의 가능성을 더 발견하게 된다. 이런 변화는 스냅 사진과 파노라마 사진 간의 차이와 같다. 인생의 스냅 사진 속에서 장점을 발견하기 시작하면, 당신의 관점은 확장되고 상황을 파노라마로 볼 수 있는 가능성이 생겨난다.

공예가가 숙달된 기술을 얻기 위해 여러 가지 도구 사용법을 배우듯이, 이 책의 각 챕터 역시 당신이 심리적 자본을 연마하고 발전시킬 수 있도록 새로운 도구를 쥐여줄 것이다. 당신은 그 도구를 당신 인생에 흡수시킬 수도 있고, 계속해서 사용할 수도 있다. 한 번만 쓰고 버리는 경험이 아니다. 그것들은 '반복적인 관점의 습관'으로 당신이 세상을 보는 방식뿐만 아니라, 세상에 참여하는 방식까지도 변화시킬 것이다. 그러므로 세 칸 도표 만들기를 계속하면서 당신에게 즐거움과 평화를 가져다주는 긍정적인 것을 찾아보자.

기분이 우울하고 스트레스를 받을 때, 일이 잘 풀리지 않을 때도 긍정성 도표를 채워볼 수 있다. 삶의 고난이 당신 주위를 맴돌 때 긍정적인 것들을 떠올려보면 금방 알게 될 것이다. 감사할 줄 아는 마음을 끌어올려 주는 것은 바로 다름 아닌 부정적인 경험이라는 것을 말이다. 숀 힉은 이렇게 말했다. '태양 아래 있는 것들에 진정으로 감사하고 싶다면, 홀로 그늘을 기어 다니는 시간을 가져볼 필요가 있다.' 우리는 이 책 전반에 걸쳐 계속해서 이런 탐험을 이어갈 것이다.

이제 당신이 '왁스 바르기' 즉 긍정성의 기본을 배우게 되었다면 이번엔 불안, 걱정, 당신을 주저하게 만드는 부정성을 감소시키는 방법, 바로 '왁스 닦기'로 눈길을 돌려보자.

챕터 2

희망(HOPE) :
자신의 미래를 믿고 주도적으로 행동하라

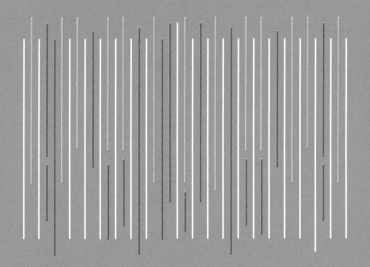

사람의 목적지는 결코 장소가 아니라, 사물을 바라보는 새로운 방식이다.

−헨리 밀러

비가 내리기 전에 산책할 시간이 있을까? 어디서 식사를 할까? 이 셔츠 보기에 괜찮을까? 휴가를 갈 수 있을지 모르겠어. 마감 기한까지 과제를 다 끝낼 수 있을까? 지금 출발하면 기차를 탈 수 있을까?

여러분의 하루도 나와 같다면, 이렇게 알 수 없는 것들이 끝도 없이 이어져 있을 것이다. 미래의 불확실성이 만연해 있을 것이다. 우리는 끊임없이 무엇을 해야 할지, 어떻게 해야 할지, 가능하기는 할지 결정을 내리며 산다. 희망이 살아있는 곳은 바로 이런 불확실성의 공간이다.

희망은 HERO의 첫 번째 특성이며 거기엔 정당한 이유가 있다. 희망에 대한 새로운 이해와 연구는 희망이란 아직 개발되지 않은 어마어마한 웰빙의 자원이라는 것을 증명하고 있다. 희망은 종종 믿음이나 낙관주의 같은 용어와 구별 없이 사용된다. 하지만 지난 몇 년간 희망과 (내가 구분 없이 사용하는) hopefulness(희망찬 상태)는 급진적으로 진화해 왔다. 여기에는 희망, 믿음(여기에서 믿음은 belief가 아니라 faith로 종교적 믿음, 맹신하는 믿음을 의미한다-역자), 낙관주의라는 세 개념의 보다 과학적인 연구도 포함된다.

각 개념은 그 발생과 활성화에 주목하여 서로 다르게 판정된다. 서로 겹치는 부분이 있기는 하지만 희망은 다음과 같은 이유로 낙관주의와 믿음과는 서로 다르다는 것이 확실해졌다.

- 낙관주의는 미래에 좋은 일이 일어날 것이라는 보편적인 기대감이다.
- 믿음은 어떤 강력한 힘이 좋은 일이 일어나게 해줄 것이라는 기대이다.
- 희망은 이와는 다르다. 그것은 긍정적인 미래의 결과가 가능하리라는 믿음이며, 그 결과에 대한 열망과 결합된다. 이는 미래를 통제하기 위해 당신이 특별히 할 수 있는 일이 있다는 의미이다.

일반적인 낙관주의나 전능한 힘에 대한 책임감의 양도는 부정적인 생각과 감정을 변화시키는 희망만큼 효과적이지는 못하다. 왜냐하면 희망이란 우리가 변화를 일으킬 수 있다는 믿음이기 때문이다.

이러한 이해와 풍부한 조사 덕분에 우리는 희망의 본질에 대해 많은 것을 알게 되었다. 희망은 독보적인 위치를 차지하고 있는 희망적인 감정이며 불확실성이나 부정성의 활성화를 필요로 하는 유일한 긍정적 감정이다. 즉 희망은 걱정, 불안, 우울, 절망으로 이어질 수 있는 감정을 원료로 이용하여, 그것을 변화를 위한 동기 부여의 힘으로 전환시킨다는 것을 의미한다. 희망은 장애를 기회로, 문제를 가능성으로, 좌절을 도전으로 바꿀 수 있는 능력을 가지고 있다.

희망은 사업, 의학, 교육, 명상, 성격, 심리치료, 심지어 기후 변화 등 적용되는 분야에 따라 서로 다른 결과를 내놓는다고 생각할 수 있다. 우리 인생 전반에 걸쳐 희망 같은 것은 찾을 수가 없다. 희망은 갈등, 고난, 장애, 곤경을 우리에게 유리한 쪽으로 작용시킨다는 점에서 독특하다. 어떻게 가능한 걸까? 이런 비유가 괜찮을지 모르겠지만, 희망은 우리 삶에 나타나는 지저분한 거름을 모아서, 더 장엄한 것을 키워내는 비료로 사용한다고 할 수 있다.

거름이 미세영양소를 풍부하게 하는 유익한 미생물로 토양을 기름지게 만들듯이, 희망도 성장의 촉매제이다. 그 어떤 긍정적인 감정도 불편한 감정을 이용해 작동하지는 않는다. 오로지 희망만이 부정성이나 불확실성에서 나오는 절망으로 촉발된다. 희망을 통해 우리 삶의 장애는 우리 인생의 토양을 기름지게 할 비료가 될 수 있다.

새로운 가능성을 열어줄 불확실성 견디기

부정성과 불확실성은 희망의 재료가 되어주며, 이는 당신의 웰빙에 필수다. 부정성과 불확실성을 조래하는 어려움이 없다면, 당신은 자신의 강인함을 일깨워줄 충분한 희망을 만들어내지 못한다. 거름이 골고루 뿌려졌을 때 식물이 무럭무럭 자라나듯, 눈앞에 닥친 도전을 겪은 후에야 더 강인한 사람이 될 수 있다.

희망이란 도전에 적응할 수 있도록 하는 인간의 능력이다. 역사적으로 사람들이 커다란 고난, 한계, 심지어 트라우마를 겪고도 살아남을 수 있게 도와준 것이 바로 희망이다. 희망은 유연해질 수 있는 능력을 주고 변화를 위한 동기를 부여한다.

희망은 긍정적인 미래의 결과가 가능하다는 믿음 그리고 거기에 동반한 결과에 대한 열망으로 정의된다. 의미심장하게도 이 정의에는 주목할 만한 측면 하나가 빠져 있다. 바로 어떻게 하면 이런 믿음을 얻을 수 있는가, 하는 것이다.

나는 『조금 멀리서 마음의 안부를 묻다』(Learned Hopefulness: The Power of Positivity to Overcome Depression)이라는 책에서, 인식의 조정을 통해 기대감을 구축하는 법을 강조했다. 우리의 인식을 변화시키는 방법을 배우면 우리 주변을 지금과는 다르게, 더 나은 방법으로 바라볼 수 있다. 믿음은 바로 이 방법을 통해 만들어지고 키워진다. 웨인 다이어 박사가 말했듯이 '우리가 사물을 바라보는 방법을 바꾸면 우리가 바라보는 대상도 바뀐다.'

어떤 길로 가야 할지, 어떤 선택을 해야 할지, 어떤 결정을 내려야 할지 불확실했던 경험이 있는가? 사람이라면 당연히 겪어봤을 것이다. 사실, 상반된 감정을 동시에 느끼는 것은 우리가 가장 흔히 겪는 상태이다. 하지만 이렇게 불확실한 상황에 너무 오래 머무르면 이 자연적이고 흔한 상황도 해로운 것이 될 수 있다.

불확실한 상황에서 부정적으로 반응하려는 경향, 즉 '불확실성에 대한 인내력 부족'이 범불안장애(GAD)를 앓는 사람들 특유의 특성으로 알려졌다. 이는 CBT 치료를 포함한 연구에서도, 메타 분석에서도 동시에 논증된 사실이다. 다르게 말하면, 우리가 불안 문제를 겪는 중이라면 불확실성이 우리를 흐트러뜨려 놓는 것이 증명된 사실이라는 것이다.

희망이 발동하려면 부정성이나 불확실성이 필요하다는 특이한 성질 덕분에 우리는 GAD를 겪는 사람들의 '불확실성에 대한 인내력 부족'이라는 핵심 이슈에 접근할 수 있게 되었다. 희망은 불확실성을 줄이는 대신, 부정적인 것을 변화시키는 능력을 통해 만성적인 불확실성을 동력으로 활용할 수 있다. 이렇게 생각해 보자. 야생 그대로의 바람, 물, 태양은 건물 파괴, 홍수, 피부암을 일으킬 수 있다. 하지만 잠재되어있는 파괴적 힘을 에너지원으로 변환시키는 법을 배운다면 그로부터 어마어마한 이익을 얻어낼 수 있다. 같은 방법으로, 희망은 불확실성에 대한 인내력 부족을 거대한 힘의 원천으로 바꿀 수 있다. 이것이 어떻게 가능한지 살펴보자.

리바는 나와 함께 일하는 배우다. 그녀는 정기적으로 배역을 위한 오디션을 보았고, 잇달아 고통스러운 탈락을 맛보았다. 규칙적이던 오디션 참가 횟수는 처참하게 줄어들있고 급기야 완전히 멈추게 되었다. 그녀는 불안하고 우울해했으며, 근 1년 동안 이 직업을 계속 유지해야 할지 심각하게 확신을 갖지 못했다. 어릴 때부터 브로드웨이, TV, 영화에서 직업적인 배우, 가수, 모델, 댄서로 살아왔음에도 불구하고, 그녀는 자신의 진로를 심각하게 고민했다.

미래에 대한 불확실성은 더욱 깊어져 갔다. 불확실성에 대한 인내력 부족은 심각한 불안을 낳았고, 그녀는 그 어떤 행동에도 의미나 목적을 찾지 못했다. 그녀는 음식을 먹고, 사회생활을 하고, 자신을 돌보는 것을 멈춰버렸다.

희망이 어떻게 작용하는지 이해시키기 위해 그녀가 제일 먼저 받아들여야 했던 것은 역설이었다. 지금의 상황이 나아지기를 바라는 마음, 동시에 이 직업을 그만두고 싶은 마음이 불확실성과 불안을 더욱 악화시킨 것이다. 그리고 이 상황은 다시 상반된 두 감정을 끊임없이 자극했다. 그녀 자신이 '여기 머물고 싶어' 그리고 '여길 떠나고 싶어'라는 서로 상충하는 메시지를 계속 주입하면서 자기를 두 방향으로 몰았기 때문이다.

바로 이 순간 희망이 그 마법을 부릴 수 있다. 불안과 지체는 동시에 두 방향으로 가려는 욕망에 기인한다. 자동차 앞바퀴를 반대 방향으로 세팅해 놓으면 바퀴의 정렬을 조정하는 정비를 할 때까지는 절대 앞으로 나아갈 수가 없다. 사실상 불확실성에 대한 인내력 부족은 목적과 동기 사이에 정렬이 이루어지지 않았다는 뜻이다. 지금 상황을 다시 돌아봄으로써 희망이 이 문제를 해결할 수 있다.

맨 먼저 리바는 지금 있는 그대로의 상황을 받아들일 필요가 있었다. 그런 다음 불확실성에 대한 인내력 부족으로 야기된 에너지를 어떻게 에너지원으로 사용할 수 있을지 물었다. 당장 그녀에겐 시간은 충분했지만 연기 분야로 나아갈 가능성은 보이지 않았기에, 그녀는 배우로서의 자신의 기술을 이용하여 연극치료사 훈련을 받기로 결심했다. 그렇게 그녀는 다시 학교로 돌아가 자격증을 보유한 사회복지사가 되기로 했다. 그녀는 등록금 대출을 받은 뒤 학교에서 학위를 따고, 제2의 인생을 시작했다. 스스로 어떻게 하지 못하는 것에 대해 걱정을 멈춘 순간, 불안은 사라지고, 자신감이 되살아났다. 그러자 TV와 영화에서 중요한 역할을 맡기 시작했다. 지금 그녀는 사랑하지만 안정성은 부족한 연기 일과 안정적인 치료 전문가 일을 균형 맞춰 병행하고 있다.

리바는 과거의 불안이 변화를 위해 반드시 필요한 촉매제였다고 생각한다. 갈등을 피하려 하지 않고 직면하자, 그녀는 불안을 치료할 수 있었다. 희망은 그녀의 인식을 조정하고, 그녀가 원하는 것을 다시 정하고, 갈등을 피하는 대신 갈등에 맞서게 함으로써 그녀의 상황을 변화시켰다. 어쩌면 그녀의 삶을 파괴했을 수도 있는 바람이 그녀의 돛을 가득 부풀려 주었다. 중요한 것은 리바가 이런 인생의 변화를 겪었을 때 그녀의 나이가 마흔을 넘었다는 것이다.

인식의 변화로 발견되는 희망

불확실하고 부정적인 일이 생겨나면, 그 사건과 그 사건에 대한 당신의 해석이 교차하는 순간이 일어난다. 그리고 바로 그 순간 의미가 생겨난다. 무슨 일이 일어나면 당신은 그것을 해석하게 되고, 당신의 결론은 사건 그 자체가 아니라 해석에 대한 반응으로 결정된다. 또한 평소에 무언가를 해석할 때의 습관과 맥락이 사건의 이해에 큰 영향을 끼친다.

이를 이해하기 위해, 한동안 무언가로 괴로웠거나 언짢았던 때를 생각해 보자. 당시에는 현재 진행 중인 경험이기 때문에 세상을 긍정적으로 보기가 힘들어진다. 평소에는 긍정적으로 해석하던 것도 부정적인 평가를 내리기 쉽다. 당신이 지금 어떤 프로젝트를 진행 중이며 그것 때문에 불안한 상황이라고 생각해 보자. 친구가 전화해 놀러 나가자고 말한다. 당신은 그 업무와 마감 기한에 압도당하는 기분을 느끼며, 프로젝트 때문에 걱정하고 불안해한다. 평소 같았으면 친구의 요청이 매우 반갑게 느껴졌을 것이다. 보통은 즐거웠을 일이 당신의 시간을 침해하는 되어버린 것이다. 당신의 부정적인 반응은 친구의 요구와는 아무런 상관이 없으며, 사실은 당신의 해석 때문이다.

1950년대 중반, 이러한 해석 현상이 어떻게 일어나는 것인지 탐구한 연구가 처음 등장했다. 이는 '지각적 갖춤새'라고 알려졌으며, 우리가 보는 것은 그것을 보는 우리의 마음가짐 문제라는 걸 의미한다.

자, 이 이미지를 보자. 가운데의 그림이 무엇으로 보이는가? 그 해석은 상황에 따라 달라진다.

$$A$$
$$12 \quad 13 \quad 14$$
$$C$$

왼쪽에서 오른쪽으로 보았을 땐 가운데 그림이 13으로 보이고, 위에서 아래로 보았을 땐 B처럼 보인다. 지각적 갖춤새 때문에 그것은 숫자 또는 글자로 보인다. 당신이 그것을 어떻게 보는지에 따라 완전히 다른 해석이 가능하다는 뜻이다. 왼쪽에서 오른쪽으로 읽으면 숫자 12, 13, 14가 보이지만, 위에서 아래로 읽으면 A, B, C가 보일 것이다. 12부터 보느냐, A부터 보느냐에 따라 기대하는 바가 다르기 때문에 거기에 영향을 받게 된다는 뜻이다. 한 마디로 우리는 '맥락상 어떻게 보이느냐'에 영향을 받는다.

긍정적이거나 부정적인 반응은 똑같이 작용한다. 앞에 무엇이 왔느냐에 따라 숫자인지 글자인지를 결정하듯이, 사건에 대한 우리의 해석은 기대와 문맥에 영향을 받는다. 그리고 이 기대와 문맥은 우리의 인식이 옳음을 증명할 때 사용된다. 그럼 다시 진구 이야기로 돌아가 보자. 좌우로 보지 않고 위아래로 보면 다른 게 보일 것이다. 밖에 나가 놀고 싶어 하는 친구를 어떻게 볼 것인가 하는 문제는 맥락에 따라 달라진다. 우리가 심심할 때 그는 굉장히 멋진 친구이지만, 우리가 늦어버린 프로젝트 때문에 쩔쩔매고 있을 때 그는 성가신 사람이 되어버린다. 우리는 맥락 속에서 의미를 도출한다. 같은 맥락에서 긍정적인 혹은 부정적인 반응(자갈돌 혹은 깃털) 역시 우리의 기대, 미리 예견된 마음가짐에 의해 만들어진다.

리바의 경우, 전문 배우로 일하지 못하는 상황이 처음엔 B로 보였다. 당시에는 상황이 상하 방향으로만 보였고, 그 상황을 원치 않는 손실로만 해석했다. 그러면서 동시에 외부의 힘이 이 상황을 변화시켜 주기를 기대했다. 하지만 나와 함께 작업해 나가며 그녀는 희망을 이해하게 되었다. 이제 가운데에 있는 그림이 글자 B가 아니라 숫자 13으로 해석되기 시작했다. 이제 그녀의 고통의 시간은 자신의 뛰어난 기술을 새로운 방식으로 활용할 기회의 시간이 되었다. 그녀는 자신의 목표를 새롭게 조정하고, 당장 실행할 수 있는 능력을 이용해 상황을 변화시켰다. 이렇듯 같은 상황도 장애물에서 기회로 변동할 수 있다. 사실 두 선이 교차하는 지점의 그림, 즉 리바의 삶은 변하지 않았다. 그저 상황을 해석하는 자신의 인식을 변화시켰을 뿐이다.

반추의 늪에 빠졌을 때 길 찾기

때때로 상황의 맥락 속에서 의미를 깨닫지 못할 때도 있다. 이해되지 않는 것을 해석하는 것은 어려운 일이다. 우리가 만약 중국어나 러시아어 알파벳과 숫자만 안다고 생각해 보자. 그런 상태에서 아까 그 그림을 보면 좌우, 상하 두 줄 모두 아무런 의미를 가지지 못할 것이다. 마찬가지로 지금 사건이 당신 인생에서 무슨 의미가 있는지 알아내야 하지만, 도저히 해석이 되지 않는 상황이 있을 것이다.

우리는 무언가를 인지하는 최선의 방법을 모를 때, 혹은 맥락을 정확하게 결정하지 못할 때 불확실성을 느낄 수 있다. 불확실성은 그 사건에 깊이 개입하게 만듦과 동시에 혼란을 준다. 그 일에 완전히 사로잡히는 동시에 당황스러움을 느끼게 된다. 그 결과 반추가 생겨난다. 반추란 자기 자신, 감정, 걱정, 불편한 경험, 계속되는 불확실성에 대한 부정적인 생각이 반복적이고 집요하고 장기적으로 이어지는 것이다.

반추란 걱정과 불안의 한 가운데에 있다. 연구자들은 우리를 꼼짝 못 하게 방해하는 주된 요인으로 반추를 꼽는다. 그것은 다양한 방식으로 우리를 괴롭힌다. 나쁜 기분을 증폭시키거나 오랫동안 지속하게 만들고, 우리를 상처받기 쉬운 취약한 상태로 만들며, 변화할 능력이 없거나 의지가 없는 상태로 만들고, 치료하려는 노력을 방해하며, 신체적 스트레스 반응을 증가시킨다. 우리는 생각에 사로잡혔을 때 어떻게 해야 할지 알아내기 위해 힘든 싸움을 하고 있다. 생각에 늪에 빠져버리면 행동을 할 수 없기 때문이다.

　때로는 실제적이고 무서운 위협 때문에 부정적인 생각을 할 수 있다. 그렇긴 하지만 그 위협에 대한 우리의 인식에 따라 그 반응이 달라질 수 있다. COVID-19 팬데믹 때 배웠던 것을 생각해 보자. 연구에 따르면 사람들이 COVID-19에 대해 부정적인 사고방식('부정적인 정서 균형')을 가지면 두 가지 일이 일어난다고 한다. 1) 부정적인 사고방식은 사람들이 느끼는 위협의 정도를 높여, 부정적인 기분을 고조시킨다. 2) 바이러스의 위협을 느끼며 생겨난 짜증과 불안이 높아진다. 연구자는 이렇게 말한다. '상황은 계속 순환하듯 반복된다. 인지된 위협은 부정적인 기분의 존재, 그리고 부정적인 태도에 영향을 끼친다. 반대로 현 상황 때문에 생긴 짜증과 불안 역시 위협의 감정을 고조시키기 때문이다.'

　이는 인식이 어떻게 하여 승자 없는 잔인한 사이클의 한 가운데에 있게 되는지를 보여준다. 나약한 우리 존재에 대한 인식은 우리 기분에 영향을 끼치고, 마찬가지로 기분에 영향을 받는다. (이 연약함을 어떻게 긍정적으로 사용할지에 대해서는 챕터 6에서 자세히 알아보도록 하자.) 다르게 말하면 우리의 불확실한 정도는 우리가 느끼는 바에 의해 통제되고, 우리가 느끼는 것은 우리의 불확실성에 영향을 받는다는 뜻이다. 인식은 우리의 기분에 영향을 끼치고 우리가 처한 기분은 우리의 인식을 변화시킨다. 우리가 부정적인 기분에 빠져 있으면, 우리에겐 높은 수준의 불확실성이 생겨날 것이다. (COVID-19 연구에서는 이것을 '취약성'이라고 이름 붙였다.) 우리가 높은 수준의 불확실성을 느끼게 되면(COVID-19 연구에서는 이를 '더 과하게 인지된 위협'이라고 부른다.) 우리 마음속엔 부정성이 생겨날 것이다. 부정성이 우리를 소용돌이 속으로 끄집어 당긴다고 해도 과언이 아니다.

중국에서 강연을 하기 위해 이곳저곳을 여행하다가 길을 잃은 적이 있다. 나는 천안문 광장을 찾아 호텔에서 길을 나섰다. 중국어를 할 줄 몰랐지만, 휴대전화 번역기와 읽기 쉽게 색으로 표시된 지하철 지도의 도움을 받았다. 낮 동안에는 휴대전화가 충전되어 있었기에 쉽게 길을 찾을 수 있었다. 점점 날이 어두워지고, 저녁을 먹은 뒤 관광할 거리를 찾던 나는 길을 잃고 말았다. 휴대전화 배터리가 바닥이 났기에 지하철 지도를 볼 수도 없었고, 번역기를 이용해 방향을 물어볼 수도 없었다. 길을 찾아다닐 때는 꼭 필요하던 주변 글자와 상징들이 갑자기 불확실성과 불안의 원천이 되어버렸다. 나에게 위로와 명료함을 주던 것이 해석할 수 없는 것이 되어버렸다.

불확실성을 견딜 수 있으면 불안은 줄어든다. 확신할 수 없는 상태와 상반된 감정을 참을 수 있는 능력은 불편한 긴장을 완화한다. 불확실성에서 오는 걱정을 직접 처리할 수 있으니, 명확하게 생각할 시간이 더 늘어난다. 상황에 대한 다른 관점이 떠오를 수 있고, 해결책이 구체화될 수도 있으며, 지원군이 나타날 수도 있다.

호텔에 어떻게 돌아가야 할지 확신할 수 없었지만, 나는 나의 인식을 조정할 수 있었다. 나는 희망으로 문제를 해결했다. 걱정하는 대신 긍정적인 미래가 가능할 거라는 믿음을 가지고 결과에 대한 갈망을 느꼈다. 호텔을 찾지 못해 집으로 돌아가지 못하는 상황은 상상도 할 수 없으므로 희망을 가졌다. 내 상황을 통제할 수 있을 거라는 믿음을 가졌다. 어떻게 그럴 수 있었는지 모르겠지만, 이 불확실성, 장애물이 긍정적인 도전 인식을 일깨웠다.

눈앞에 닥친 곤경이 창의적이고 지속적이며 열정 가득한 기회로 인식될 수 있을 때, 희망찬 마음가짐에 불이 붙는다. 상황의 불확실성이 불안을 자아내고, 이 불안은 문제를 해결하려는 동기로 전환된다. 리바의 경우와 마찬가지로 상황은 변하지 않는다. 하지만 상황에 대한 우리의 행동이 변한다. 희망은 불확실성을 해결 중심적인 문제 해결로 전환시키는 촉매제다.

중국에서 나는 호텔로 돌아가기 위해 몇 가지 방법을 시도했다. 우선 영어를 할 줄 아는 사람을 찾았다. 하지만 이 방법은 성공하지 못했다. 내가 말을 걸려고 다가갈 때마다 다들 고개를 젓거나 어깨를 으쓱, 했기 때문이다. 이후 나는 휴대전화 충전소를 찾으려 했지만 그 위치도 알아내지 못했다. 결국 나는 손을 흔들어 택시를 잡은 후 제한된 설명 능력으로 내가 가고 싶은 곳을 설명했다. 그러나 택시 운전사는 내 설명을 잘 알아듣지 못했다. 결국 나는 일단 영어를 할 줄 아는 사람들이 모인 곳을 찾아 교통수단을 알아보기로 했다.

당신의 불안과 달성 가능한 목표를 자동차 바퀴처럼 정렬을 맞추면, 불안은 줄어들게 되고, 결국 어쩔 줄 몰라 당황하는 대신 해결책을 향해 나아갈 수 있게 된다. 나는 한 호텔을 찾았고, 그곳 프런트 데스크에는 영어를 할 줄 아는 친절한 사람들이 있었다. 그들은 내가 지도상 어느 위치에 있는지 설명해 주면서, 지하철은 좋은 선택이 아니니 호텔까지 데려다줄 택시를 불러주겠다고 했다. 줄어든 불안감과 달성 가능한 목표를 가지런하게 조정하면, 반추의 파괴력을 동기유발로 전환시킬 수 있다.

심리적 갈등의 원인 찾기

그럼 관점을 변화시키고, 희망을 찾고, 문제를 해결할 동기를 느끼지 못하면 어떻게 될까? 불확실성을 견딜 수 있는 능력이 부족하면, 대처 능력이 떨어질 수 있다. 대처 능력은 내, 외부 스트레스 요인을 다룰 수 있는 인식 방법과 행동 방법을 뜻한다. 즉 한 곳에서 구멍이 나면 다른 한 곳에도 구멍이 생긴다는 것이다. 일단 불확실성을 제대로 다뤄내지 못하면 그것은 우리의 저장소를 고갈시킨다. 우리는 강인함, 연구자들은 회복 탄력성이라고 부르는 것의 저장소 말이다. 시간이 지날수록 우리는 점점 더 불확실성을 다뤄내지 못하게 되고, 더욱 압도당하게 되며, 결국 좌절감이 그 자리를 대신할 수 있다. 당신이 고갈되고 있다고 느낀다면, 그건 당신 자신을 위한, 혹은 남을 위한 지원이 충분하지 못하다는 뜻이다.

다음은 불안과 분노 폭발 때문에 나를 찾아왔던 나탈리에게 생긴 일이다.

나탈리는 거의 언제나 불안해했다. 두통, 복통이 잦았고, 잠들거나 수면을 유지하는 데에 어려움을 겪었다. 두 자녀를 둔 나탈리는 '가끔 어느 정도 행복한 결혼 생활'을 하고 있었지만, 최근 들어 모든 사람에게 과민하게 굴었다. "요즘은 그 누구와 있어도 행복하지 않은 것 같아요. 나에게 가까운 사람일수록 나의 분노를 더 건드리는 것 같아요." 그녀는 이렇게 말했다. 나탈리의 완벽한 옷차림을 보고 그녀가 세심한 것까지 주의를 기울인다는 것을 알 수 있었다. 스타일보다는 완벽함과 통제에 대한 요구가 옷차림에서 드러나 보였다. 우선 그녀는 자기 자신에게 불만이 있다는 점, 갈등은 바깥이 아니라 그녀 내부에서 일어나고 있다는 점을 인지할 필요가 있었다. 우리의 만남이 계속되면서, 나탈리는 실망, 고군분투, 오해, 좌절, 분노 폭발에 공통점이 있다는 것을 깨닫게 되었다. 그녀는 어떤 상황에서 어떤 행동을 해야 할지 확신이 없었던 것이다.

불확실성이 마음속에 떠오르면, 그녀는 우선 자기 자신을 그리고 남을 평가했다. 나는 그녀가 여러 가지 불확실성에 둘러싸인 채 자신을 평가하고 있을 가능성을 제시했고, 그녀는 부담스러운 현실이자 진실을 그대로 인정하고 받아들였다. 그리고 진실에 집중한 이 순간이 치료의 터닝 포인트가 되었다. 우리는 외부 갈등이 아니라 그녀 내면에서 일어나고 있는 일을 중요하게 바라보았다.

내가 말했다. "당신은 다른 사람에게 매우 비판적인 것 같아요. 거의 매 사례에서 당신 아이, 친구, 남편, 상사 이야기를 꺼내고 그들을 판단하고 있거든요. 그들을 비난하기에 앞서 당신의 마음속에서는 심리적 갈등과 비판이 계속 일어나고 있어요. 그것이 당신을 불안하게 만드는 겁니다. 당신은 끊임없이 자길 비난하고, 통제할 수 없는 상황에 대해 불안해하고 화를 냅니다. 당신이 통제할 수 있도록 돕지 않는 이들에게 화를 내고, 그러고 나면 그렇게 느끼는 스스로에게도 화를 내지요. 악순환에 빠진 거예요. 제 말이 맞지 않나요?"

나탈리는 평소보다 더 오랫동안 나를 쳐다보았다. 그러더니 마침내 이렇게 말했다. "사람들이 나더러 독불장군이래요." 그녀는 코를 찡그리고 이야기를 이어갔다. "지금 박사님도 똑같은 이야기를 하고 있네요, 맞죠?" 그녀는 대답을 기다리지 않고 계속 말했다. "직접 나서야 한다는 생각을 통제할 수가 없는 것 같아요. 저는 끊임없이 불확실함을 느끼고 스스로를 판단합니다. 내가 무엇을 했어야 했는지, 무엇을 하지 않았고, 지금 무엇을 해야 하는지를요. 하지만 그런 생각을 스스로 감당하는 대신 다른 사람들을 비난했어요. 나를 통제하지 못하니 다른 사람들을 통제하려 했어요."

"독불장군이라고 할 생각은 없었어요. 여기선 그런 사람을 통제광이라고 부른답니다."

나탈리는 내 농담이 고마운지 생각보나 많이 웃어주었다. 내적 불안이 부정적인 렌즈를 만들어냈고, 여태 그 렌즈를 통해 세상을 바라보았음을 처음으로 깨닫는 순간이었다. 상황을 어떻게 다루어야 할지 확신이 없고, 자신에게 비판적인 사람은 다른 사람들에게도 비판적인 모습을 보일 것이다. 그녀의 불안은 끊임없는 내면의 혼란과 비판에서 나온 것이었다.

나탈리와 마찬가지로, 문제의 원인이 어디에 있는지 이해하고 나면, 그곳을 향해 손전등을 켜고 그걸 없애버릴 수 있다. 하지만 그 전에 손전등의 본질에 대해 알아보자.

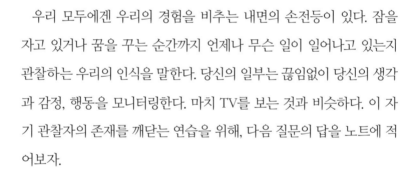

탐구 당신 삶의 관찰자

우리 모두에겐 우리의 경험을 비추는 내면의 손전등이 있다. 잠을 자고 있거나 꿈을 꾸는 순간까지 언제나 무슨 일이 일어나고 있는지 관찰하는 우리의 인식을 말한다. 당신의 일부는 끊임없이 당신의 생각과 감정, 행동을 모니터링한다. 마치 TV를 보는 것과 비슷하다. 이 자기 관찰자의 존재를 깨닫는 연습을 위해, 다음 질문의 답을 노트에 적어보자.

- 아침으로 뭘 먹었나? (인식)
- 맛은 어땠나? (관찰)
- 먹고 난 후의 느낌은? (영향)

이 질문들에 쉽게 대답할 수 있다는 것은 당신의 일부가 카메라처럼 당신이 하는 일, 이 경우엔 아침 식사를 지켜보고 있다는 것을 의미한다. 관찰하는 자신은 언제나 당신과 함께 있다. 당신의 일부는 인식, 관찰, 영향에 주목하면서 무슨 일이 일어나고 있는지 계속 쫓아다닌다. 이제 당신의 손전등이 준비되었으니, 당신의 불안에 기름을 붓는 부정적인 생각을 향해 손전등을 켜 보자.

그저 해변을 치우기만 하기보다는 기름 유출 장소를 찾고 그곳을 보수하는 것이 훨씬 효과적이다. 그러니 당신의 손전등으로 부정성의 원천을 똑바로 들여다보자. 이 관찰 능력이 희망을 이용하여 부정성을 긍정성으로 바꾸는 원리에 대해서는 나중에 알아볼 것이다.

탐구 부정적인 렌즈 바라보기

이 책 앞머리에 소개했던 부정적이고 반복적인 생각의 목록으로 돌아가 보자. 나탈리에게 시켰던 걸 똑같이 당신에게 시켜 보겠다. 우선 자신을 가장 힘들게 하는 것 세 가지를 골라보자. 이해를 돕기 위해 예시를 보여주겠다.

맨 처음, 해결하고 싶은 문제 셋 중에 하나를 고른다. 여기서는 나탈리의 가장 골치 아픈 문제, '더 나은 내가 되어야 한다'를 이용하겠다. 당신도 문제점을 골라 노트에 적어보자. 그런 다음 내부 목격지(관찰자)가 바라보는 모습, 그리고 그것이 일으킨 감정 또는 영향을 적는다.

다음과 같은 도표를 만들자.

반복적인 생각(인식)	일어나는 일(관찰)	감정(영향)
더 나은 내가 되어야 한다	나 자신을 판단한다	의기소침해진다

이제 관찰에 대해 호기심을 가져보자. 부정적인 생각은 거의 언제나 판단에서 나온다.

나는 나탈리에게 이렇게 설명했다. "이런 생각이 마음속에 떠오를 때는 동시에 두 가지 관점이 생겨난 겁니다. 고통을 야기하는 믿음 즉, '난 부족하다는 생각' 그리고 자신을 관찰하는 목격자, 즉 '고통스러운 감정을 알아채는 손전등'이 같이 생겨난 거죠."

나탈리가 말했다. "스스로가 부족하다고 생각하는 내 안의 존재는 오로지 나만 인식할 수 있는 것 같아요. 그 존재가 끊임없이 나에게 말해요. 더 나은 내가 되어야 한다고요."

"맞아요. 바로 그것이 우리가 변화시켜야 할 부분입니다. 부정적인 생각과 불안을 야기하는 부정적인 믿음은 오로지 당신만 눈치챌 수 있어요. 하지만 그 말인즉슨 당신의 일부도 그것을 눈치채고 있다는 거죠."

나탈리에겐 중요한 순간이었다. '더 나은 내가 되어야 해' 같은 부정적인 말을 하는 생각과 감정이 또 다른 내 일부에 의해 계속 모니터링되고 있다는 걸 이제야 이해했기 때문이다. 관찰하고 있는 당신은 TV

쇼를 보고 있는 당신과 비슷하다. 당신은 TV 채널을 선택하고 자신이 선택한 것을 본다. 그것은 매우 시끄러운 스피커가 달린 거대한 스크린일 수 있다. 하지만 당신이 채널과 콘텐츠, 볼륨을 직접 선택했다.

반복적이고 부정적인 생각은 와이드스크린 TV로 공포 영화를 골라, 볼륨을 잔뜩 높이고, 그걸 반복적으로 바라보는 것과 비슷하다. 당신은 그 영화를 좋아하지도 않는데 계속 불평하면서 보고 있는 것이다. 중요한 것은, 어느 때고 당신이 채널을 바꿀 수 있다는 사실이다.

이는 계시로 다가올 수 있다. 종종 이런 부정적인 감정은 너무 강력해서, 그것들 역시 당신에게 관찰당하고 있는 인식의 일부라는 사실을 숨긴다. 마치 태양을 가로막은 먹구름처럼, 먹구름을 증발시켜버릴 수 있는 태양이 그 뒤에 숨어있다는 사실을 잊게 만든다. 부정적인 생각을 바꿔놓는 법을 배우는 동안, 당신은 끊임없이 부정적인 생각을 인식하게 될 것이다. 왜냐하면 끊임없이 그 소리가 들리기 때문이다. 하지만 지금, 당신은 이 생각 역시 당신의 다른 일부에 의해 관찰당하고 있다는 걸 깨달았다. 이는 각성의 순간이 될 수 있다.

탐구 판단이 당신에게 어떻게 상처를 주는지 호기심 갖기

자기 자신과 남에 대해 비판을 하지 않는 가장 쉬운 방법은 관찰자의 관점을 비판에서 호기심으로 선환하는 것이다. 핀딘히고 평가하는 대신 호기심을 가지면 부정적인 감정을 긍정적인 감정으로 변화시킬 수 있다.

노트를 펼치고 다음 질문에 답해 보자. 무엇이 계속해서 그 생각을 하게 만드는가? 그런 다음 그 대답에 대한 영향을 관찰해 보자.

이것은 나탈리의 응답이다. 나탈리와 마찬가지로 당신도 비판적인 해석이 부정적인 감정과 영향을 낳는다는 것을 알게 될 것이다.

동기	비판적 관찰	감정(영향)
무엇 때문에 내가 좀 더 나은 사람이 되어야 한다고 계속 생각하는가?	• 지금의 내가 충분히 괜찮지 않다고 생각하게 만든다. • 바보 같은 말을 참고 입을 다물게 만든다.	• 다른 사람으로부터 거리를 두게 만든다. • 굴욕으로부터 나를 지켜준다.

하지만 호기심이 개입하면 대답은 달라질 수 있다..

동기	호기심 어린 관찰	감정(영향)
무엇 때문에 나는 좀 더 나은 사람이 되어야 한다고 계속 생각하는가?	• 더 열심히 노력하게 만든다. • 듣고 배우게 만든다.	• 영감을 준다. • 겸손을 가르쳐준다.

이제 비판적 관찰과 부정적인 느낌이나 영향을 결합시킨 문장을 만들어 보자. 다음 문장의 틀을 사용하면 된다.

난 _____고 생각할 때면, _____게 되고, 그것이 나를

_____ 하게 만들기에 그것은 _____.

나탈리는 이렇게 썼다.

난 *더 나은 사람이 되어야 한다*고 생각할 때면, *바보 같은 말을 참*게 되고, 그것이 *나를 다른 사람들과 거리를 두게 하고, 굴욕으로부터 나를 지키*게 만들기에, 그것은 *나를 의기소침하게 만든다*.

나탈리가 밤낮으로 보던 건 공포 영화였다. 그녀는 기분을 언짢게 만드는 자신만의 생각에 빠져 있는 것 같았다. 그럼 내가 나탈리에게 질문했듯이, 당신에게도 질문을 해보겠다. 당신이 보고 있는 쇼를 다른 내용으로 바꾸고 싶다면, 그 줄거리를 어떻게 바꿀까?

"그냥 채널을 바꾸면 되죠." 나탈리는 이렇게 말했고 대부분의 사람들도 같은 대답을 한다.

하지만 부정적인 생각을 하는 사람들은 실제로 그렇게 하지 않는다. 그들은 주인공들에게 대본을 바꾸라고 말하기 위해 TV를 분해해버린다. 비판은 그들로 하여금 엉뚱한 곳을 변화하게 만든다. 이것은 소용이 없으며 그들을 그저 우울하고 초조하게 만들며 고통을 유발한다.

진실은, 당신에겐 채널을 바꾸고 다른 쇼를 볼 능력이 있는데, 그렇게 하고 있지 않다는 것이다. 우리 모두에겐 그럴 능력이 있다. 하지만

TV 속 영화에 흠뻑 빠져버리면 영화가 너무 무섭고 압도적인 나머지 당신이 그것을 보고 있다는 사실, 흠뻑 빠져 있다는 사실을 잊어버릴 수 있다. 핵심은 변화의 힘이 TV가 아니라 당신 안에 있다는 걸 기억하는 것이다. 당신은 관찰자다. 보고 있는 게 마음에 들지 않으면 선택할 수 있는 다른 채널이 있다.

다른 옵션이 있다는 걸 알고 그걸로 새로운 실험을 할 수 있게 되면 모든 것이 달라진다. 변화가 가능하다는 걸 깨닫는 것만으로 희망이 생긴다. 리바가 그랬듯 나탈리는 자신의 상황을 재해석해야 했다. 나탈리는 다른 사람들이 불안과 분노의 원인이라고 생각했다. 그녀의 눈에는 13이 B로 보였다. 하지만 13을 있는 그대로 다시 보면서 사실은 그녀가 어떤 상황에서나 생각보다 많은 통제를 하고 있는 걸 깨달을 필요가 있었다.

 탐구 긍정적인 채널로 바꾸기

여기 나탈리의 호기심 어린 관찰 표를 다시 가져왔다. 희망은 긍정적인 변화가 가능하다는 것을 알고 있다. 그것이 어떻게 가능한지 살펴보자.

동기	호기심 어린 관찰	감정(영향)
무엇 때문에 나는 좀 더 나은 사람이 되어야 한다고 계속 생각하는가?	더 열심히 노력하게 만든다.	영감을 준다.
	듣고 배우게 만든다.	겸손을 가르쳐준다.

부정적인 생각이 떠오르는 걸 막으려는 게 아니다. 대신 그런 생각이 떠오를 때마다 교정하려는 것이다. 그러기 위해서는 동기를 적을 때 사용했던 언어를 바꾸는 게 좋은 방법이다. 다음 두 단계는 언어 변경 방법을 보여줄 것이다.

우선 원하는 영향을 만들어낼 수 있는 긍정적 생각을 포함시켜 문장을 만든다. 다음 문장 틀을 사용할 수 있다.

_____는 생각이 들 때면, 그것은 _____하도록 동기를 부여한다. 이는 나로 하여금 _____.

나탈리가 적은 예시는 이러하다.

*더 나은 사람이 되어야 한다*는 생각이 들 때면, 그것은 *더 열심히 노력하고, 듣고, 배우*도록 동기를 부여한다. 이는 나로 하여금 *영감을 주고, 겸손을 가르치고, 용기를 일깨운다.*

두 번째로, 동기의 언어를 확인하자. 종종 비판적 관찰은 동기가 어떻게 제시되는지에 따라 달라진다. 나탈리의 동기를 되짚어보니, '되어야 한다'라는 부분이 눈에 띄었다. 그녀는 그것이 일종의 판단이라고 보았고, 이미 자신이 잘못하고 있음을 암시한다고 느꼈다. 나탈리는 비판이 덜 들어간 동기를 위해 '-해야 한다'라는 말을 '-할 수 있다'로 바꿨다.

그녀는 반복적인 생각을 받아들이는 대신 한 단어를 수정했다.

더 나은 사람이 되어야 한다는 생각이 들 때, 나는 그것을 **더 나은 사람이 될 수 있다**로 바꿀 필요가 있다.

비판적 관찰을 유발할 가능성을 낮추기 위해 동기 진술을 어떻게 바꿔야 할까.

진술을 최대한 간결하고 핵심적으로 바꾼다. 다음이 기본 문장 틀이다.

_____라는 생각이 들 때, 나는 그것을 _____로 바꿀 필요가 있다.

이것은 희망의 작업이다. '해야 한다'를 '할 수 있다'로 바꾸는 것은 별것 아닌 일로 보일 수 있다. 하지만 변화를 이끌어 낼 수 있는 것은 바로 이런 표적화된 대응이다. 우리의 정신에서 새어나가는 틈을 발견하면 치료가 필요한 부분을 제대로 알아낼 수 있다. 레너드 코헨도 이런 말을 했다. "모든 것에는 틈이 있다. 그리고 바로 그 틈으로 빛이 새어 들어온다."

긍정적인 본질을 앞세우면 부정적인 생각에 도전할 준비를 할 수 있다. 즉 그들이 성취하려고 애쓰는 것을 취하고, 그것을 당신의 이익을 위해 적용한다는 것이다. 그렇게 하기 위해 다음처럼 수정한 문장을 사용하자. 이 문장 틀을 사용하면 된다.

_____는 생각으로 나 자신을 비판할 때는 바로 _____를 상기시키는 기회다.

예시가 있다.

*더 나아질 수 있다*는 생각으로 나 자신을 비판할 때는 바로 *더 열심히 듣고 배우려는 동기, 그리고 영감을 받고, 겸손을 배우고, 용기를 일깨우려는 욕망*을 상기시키는 기회다.

나탈리는 희망을 발견하기 위해 '더 나아져야만 한다'라는 부정성을 이용하여 어디에 교정이 필요할지 정확히 찾아냈다. 바로 손가락의 상처나 거스름이 치료할 부위를 정확히 알려주는 것처럼 말이다. 마찬가지로 당신도 희망을 통해 이 상황에 불러들여온 치유를 어디에 적용할지 알아야만 한다. 희망은 마치 상처에 바르는 항생제 연고 같아서, 자연 치유 과정이 일어나도록 놓아두는 동시에 더 나빠지지 않도록 보호하는 역할을 한다. 희망은 더 나은 미래를 위해 적용되며, 우선 인지적 상처가 더 심해지지 않게 상처를 보호해 준다. 그런 다음 희망은 당신이 치유를 돕기 위해 직접 행했던 일 덕분에 더 나은 미래가 올 거라는 기대를 촉진시킨다.

상승하는 소용돌이

부정적인 생각과 기분에는 악순환이 존재한다는 걸 보여주는 COVID-19 연구를 기억하는가? 그 반대 역시 가능하다. 긍정적인 감정은 인식을 넓혀줌으로써 미래를 더 긍정적으로 느끼게 만들 가능성을 증가시킨다는 연구가 있다. 인식이 개선되면 더 많은 선택지가 눈에 들어오기 때문이다.

나탈리가 근본적으로 변화할 수 있었던 것도 인식을 넓혀 '관찰하는 자신'을 발견했기 때문이다. 자신이 보고 있는 채널을 직접 바꿀 수 있다는 걸 깨달은 순간, 이 인식은 나탈리로 하여금 희망을 느끼도록 자극했다. 마치 순환하듯, 인식 개선은 더 많은 선택지를 허락하고, 더 많은 선택지는 상황에 대한 우리의 인식을 변화시킬 수 있다. 그 결과 기분 역시 긍정적인 방향으로 변화하고, 이는 자발적 긍정 감정을 허락한다. 이런 식으로 인식은 긍정적인 기분에 영향을 끼친다. 실제로 삶에 대한 만족이 커지면 우울증은 내려가고, 이런 선순환이 상승하는 소용돌이를 만들어낸다는 연구도 있다.

좋건 나쁘건 기분과 관점은 우리의 인식을 변화시킬 것이다. 내가 아는 가장 희망적인 사람 이야기로 이 챕터를 마무리할까 한다. 대학 1학년이었던 캐스린은 아버지가 자살로 돌아가셨다는 사실을 알게 되었다. 이 사실은 그녀를 흔들어 놓았다. "그 고통은 내가 이해조차 할 수 없는 것이었어요. 그 고통에 나까지 죽을 것 같았고, 이 상황을 벗어나기 위해 할 수 있는 모든 걸 했죠. 그런데도 도대체 감정을 추스를 수가 없었어요. 저는 열여덟 평생, 아빠를 즐겁게 해주기 위해 노력하며 살았어요. 아빠가 없는 제가 무슨 존재인지 모르겠더라고요."

이 트라우마로 캐스린은 우울증과 불안, 동시에 중독과 자기혐오와 싸우게 되었다. 그녀는 자신을 완전한 실패로 느꼈고, 깊은 불안과 심각한 우울증에 빠져 살았다. 특히나 그녀는 우울한 에피소드를 계속해서 반추하곤 했다.

그러던 어느 날, 위스콘신의 오두막집에 있던 캐스린은 스스로 '뇌 공격'이라고 설명하는 경험을 하게 되었다. 중독, 섭식 장애, 이혼, 재정 문제, 체중 증가, 심각한 질병, 직장 이동, 자녀 없음, PTSD, 가족 문제 등과 싸우던 캐스린은 자신이 영혼 깊숙한 곳에 묻어두었던 모든 고통과 마주하고 있음을 깨닫게 되었다. 공포와 고통에 휩싸인 캐스린은 자살을 시도했다. 그녀는 사람들이 근사 체험이라고 경험을 하게 되었고, 자기 자신을 위에서 내려다보며 자신의 목숨을 구하게 되었다. 캐스린이 희망을 발견한 순간이었다.

"내가 얼마나 오랫동안 깊고 끈질긴 절망감을 경험했는지 말로 다 설명할 수는 없어요." 그녀는 회상한다. 절망감은 일관된 자살 예측 인자이며, 감정적인 체념과 동기부여의 무력감이 결합된 것으로 규정된다. 그리하여 그녀는 목숨을 구하기 위해, 미리 감정적 체념과 동기부여의 무력감을 관리하기 시작했다. 그녀는 자신의 감정으로부터 도망치는 걸 멈추고 그 감정을 포용할 필요가 있었다. 그 감정을 목표를

위한 연료로 삼고, 무력감에서 벗어나 행동에 돌입하는 법을 배워야
했다.

캐스린은 절망감이 자살 예측 인자일 뿐만 아니라, 폭력, 자해, 중
독, 파트너 폭행, 위험 행동,

잦은 결석, 학교 내 무기 소지 등의 예측 인자임을 알게 되었다. 반
면 희망은 모든 긍정적인 삶의 결과를 예측했다.

이제 그녀는 스스로 노력하고 있다. 매일 매일. 별것 아닌 것 같지만
여전히 쉽지 않다. 노력과 근면함은 연습이 필요하다. 그녀는 먼저 긍
정적인 감정을 일으키는 일을 하고, 그 후에야 영감을 받아 행동을 이
어간다.

자살 생각도 사라졌다. 혹시나 생각이 들더라도, 그녀는 자신에게
이런 질문을 던진다. 당신도 할 수 있다.

- 난 무엇 때문에 절망적인가? (절망감을 주는 요인이 많다면 내가
  해결할 수 있는 한 가지를 선택할 수 있다.)
- 체념을 다루기 위해 내가 무엇을 할 수 있는가? 화, 슬픔 그리고/
  또는 공포를 표현할까?
- 긍정적인 감정을 어떻게 활성화시킬 수 있을까?
- (때로는 아무런 행동을 취하지 않는 것이 가장 강력한 행동임을
  알지만) 어떤 행동을 취할 수 있을까?
- 도움을 받기 위해 누구에게 의지할 수 있을까?

- 희망을 되찾는 과정에서 가장 방해가 되는 생각은 무엇인가? (내가 통제권 밖에 있는 걸 통제하려 하는가? 나는 실패를 내면화하고 있는가? 미래를 걱정하고 있는가? 등등)

그녀는 무언가에 절망감을 느낄 때마다 매번 이 과정을 반복했다. 그리고 언제나 희망으로 돌아갈 방도를 찾아냈다. "말 그대로 믿어지지 않았어요. 내가 생각하는 것들이 너무 괴로워서 죽을 것 같은 기분이지만, 사실 죽지 않죠. 필요할 때면 울게 내버려 두기도 했어요. 고함치고 울면서 감정에 빠졌어요. 그리고 이런 순간은 오랫동안 이어지지는 않았어요. 오래 가지 않을 거라는 걸 늘 생각했어요. 그런 다음엔 뭔가 건강한 일을 해요. 내 몸속에 도파민과 옥시토신을 늘려주는 거죠. 난 운동을 하고, 내가 어떤 감정을 느끼고 싶은지에 집중하고, 그러기 위해 행동에 나섭니다."

캐스린은 더 이상 패닉에 빠지지 않았다. 그리고 이제는 전 세계를 돌며 강연을 한다. 그녀는 장래 유망하고 전략적인 상담가이며, 세계 정신건강 연맹의 미국 대표로 임명되었다. 소매 거래 매출이 3,500만 달러를 넘는 브랜드, 무드라이즈(Mood-lites)를 돕는 혁신가이며, 이 성공을 발판 삼아 정신 건강을 위한 전국적 마케팅 캠페인을 시작했다. 그녀는 정신 건강을 위한 국제 재단, 아이프레드(iFred)를 설립했으며, 어린이들에게 희망을 갖는 법을 가르쳐주는 죄초의 무료 글로벌 프로그램, 호프풀마인즈(Hopeful Minds)를 만들었다. 그녀는 호프풀시티즈

(Hopeful Cities)를 통해 희망을 활성화시키는 일을 하고 있다. 이노베이티브 어낼러시스(Innovative Analysis)라는 본인의 회사를 통해 무슨 일이 생겨도 긍정적인 마음가짐 갖는 법도 가르치고 있다. 캐스린은 이렇게 말한다.

> 난 나의 모든 경험을 아름다운 가르침으로 받아들였으며, 다른 사람들을 위해 그 경험을 이용한다. 난 우리가 가능한 한 많은 놀라움, 즐거움, 경외를 느끼기 위해 이곳에 왔다고 믿는다. 그리고 난 트라우마, 고통을 힐링, 통찰력, 지혜, 다른 사람을 위한 지지로 바꾸는 일을 사랑한다. 우리의 감정이란 우리를 아름다운 인간으로 만들어 준다. 우리가 무엇을 가장 아끼는지는 주변 세상을 위해 우리의 힘든 감정을 어떻게 사용하는지를 보면 드러난다. 우리에겐 모두 재능이 있다. 그 재능은 모두 동등한 가치와 심오한 중요성을 지니고 있다. 그리고 삶이란 어떻게 하면 그 재능을 이용해 우리의 정신을 고양시킬지, 그 방법을 배우는 과정일 뿐이다.

이 챕터에서 우리는 깃털을 추가하는 시작점에 대해 이야기해 보았다. 우리가 맞춰놓은 부정적인 채널을 어떻게 변화시킬지 배우면 자갈돌의 숫자는 줄이고, 깃털의 숫자는 늘릴 수 있을 것이다. 다음 챕터에서는 우리 자신의 유능감 방법을 알아볼 것이다. 저울의 눈금이 긍정성의 방향으로 더욱 기울게 될 것이다.

챕터 3

유능감 : 성공을 쌓아나가며
자신감을 느껴라

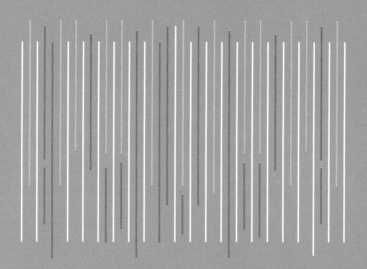

스트레스에 대항하는 가장 위대한 무기는
여러 생각 중에 한 가지 생각을 선택하는 능력이다.

– 윌리엄 제임스

긍정심리학이 가진 힘에 대해 연구하기 시작할 때만 해도 나는 여전히 회의적이었다. 내게 기쁨을 가져다주는 것들을 찾아내거나, 내 머릿속 단어를 '-해야 한다'에서 '-할 수 있다'로 바꾸는 것이 과연 얼마나 지속적인 영향을 미칠 수 있을지 상상이 되지 않았다. 좋게 말하면 이런 기술들이 너무 하찮아 보였고, 진정한 변화를 일으키기에는 너무 온건해 보였다. 나쁘게 말하면 시간 낭비라는 생각마저 들었다.

당신도 만약 과거의 나처럼 회의적이라면, 계속 그렇게 있으라. 이런 원칙과 개입이 효과를 내는 유일한 방법은 실험에 기꺼이 참여하겠다는 의지를 가지고 기존 생각에 바꿔놓을 수 있는 새로운 경험을 허락하는 것이다. 새로운 경험들이 마음을 바꾸라고 유혹할 때까지 계속 의심하라. 긍정심리학의 힘을 믿는 대부분의 사람들 역시 나와 같은 경험을 했다. 회의적이었던 사람이 모두 마음을 바꿨다는 사실이 긍정심리학의 가치를 증명한다. 그러니 마음을 열고 그 효과를 주시하면서, 계속해서 책을 읽으며 더 배워보도록 하자.

긍정심리학의 원칙은 변화가 일어나게 하기 위해서는 당신의 개입을 통해 스스로 깨달아야 한다는 것이다. 다른 설명이나 증명 없이 저절로 알게 되어야 한다는 뜻이다. 좀 더 고전적인 종류의 심리학은 증상 완화 시도를 통해 스트레스, 불안, 부정성을 변화시키려 할 것이다. 긍정 효과는 더 지속적이고 긍정적인 변화를 위한 촉매제로 긍정적인 감정을 이용한다. 부정적인 생각의 반추를 피하는 것은 과정의 일부분일 뿐이다. 재발을 겪지 않게 하는 것, 스스로 잘 사는 법을 배우는 것이 지금의 심리학에서는 빠져 있다. 더 많은 깃털 모으기를 배울수록, 저울은 당신이 원하는 방향으로 순조롭게, 그리고 지속적으로 기울 것이다.

당신이 회의론자이든 추종자이든, 당신에게는 이 책의 내용을 어떻게 받아들일지 선택할 능력이 있다. 이것이 이 챕터의 포인트이다. 당신에겐 당신의 생각을 선택할 능력, 지금의 선택이 효과적이지 않다면 과감히 바꿀 능력이 있다. 이제 우리는 HERO 중 '유능감(Empowerment)'에 들어섰다. 유능감과 그 결과 얻게 되는 자신감을 위해서는 당신이 선택한 생각이 어떻게 선정되는 것인지 그 과정을 이해할 필요가 있다. 그런 다음 당신이 선호하는 바가 당신의 웰빙을 뒷받침할 수 있게 그 시스템을 해킹할 필요도 있다.

자신감 있는 사람들은 자신을 독특한 방식으로 바라본다. 스스로 선택했기 때문이다. 이 선택이라는 것은 지금 현재 그리고 미래의 자신의 모습을 어떻게 생각하고 받아들일지에 관한 것이다. 어떻게 생각할지 선택한다는 것이 이상하게 들릴 수도 있다. 하지만 생각은 우리의 의도를 따라온다. 당신이 관심을 쏟는 것이 당신의 현재가, 그리고 당신의 미래가 된다. 자신감 있는 사람들은 자기 삶에서 확실한 요소들에 관심을 쏟는다. 이 확실한 요소는 미래를 다르게 바라볼 수 있도록 장을 마련한다. 자신감은 인식의 문제다.

해답을 찾기 위해 경험 탐색하기

우리는 인터넷에서 검색을 하기 위해 키워드를 입력한다. 이때 무슨 일이 일어나는지 살펴보는 것으로 이 탐험을 시작해 보도록 하자. '생선 요리하는 법'을 알고 싶다면 그때 키워드는 '요리'와 '생선'이 될 것이고 그런 태그를 가진 것들이 검색될 것이다. 조회 수가 가장 많은 사이트들이 결과 목록 맨 위에 뜰 것이다. 이 경우에 맨 위 결과물은 대구(codfish) 요리하는 법과 조리법, 관련 향신료, 쉽게 만드는 대구 메뉴 등이 될 것이다.

난 대구를 좋아하지도 않고 그건 내가 찾던 것이 아니다. 그런데 난 내가 원한 것보다 대구에 대한 정보를 많이 얻게 되었다. 이게 다 조회 수가 많은 사이트를 보여주는 알고리즘 때문이다. 내가 정말로 원하던 것은 다른 것이었지만, 내가 너무 일반적인 질문을 적었기 때문에 그 결과도 특수성 대신 높은 빈도를 반영하게 되었다.

당신도 인터넷에서 이런 경험을 해보았을 것이다. 그리고 곧바로 어떻게 질문을 수정해야 할지 깨달았을 것이다. 당신은 더 명확한 키워드를 이용해 검색 엔진에 더욱 구체적인 요구를 해야만 한다. 내가 진짜로 알고 싶었던 것은 '바비큐 그릴에 참치 요리하는 법'이었다. 71,000,000이라는 조회 수를 기록한 결과가 나왔고, 내가 원하는 바에 대한 정확한 해답을 얻을 수 있었다. 첫 번째 검색 시도에서는 단 한 건도 나오지 않았는데 말이다.

내 질문에 대한 해답은 인터넷에 있었다. 하지만 검색 결과는 내가 질문하는 방법에 달려 있었다. 내가 충분히 명확한 질문을 하지 않으면, 내가 원하지 않는 정보를 얻게 되고 그것은 내 상황에 아무런 도움이 되지 못한다.

이제 우리 뇌 속의 검색 엔진을 살펴보자. 우리는 그것을 디폴트 네트워크(기본 연결망. DN)라 부른다. 우리가 어떤 내용을 수동적으로 선택하고 내부적으로 정리할 때 뇌는 이 DN을 사용한다. 이해를 돕기 위해 누군가 당신에게 질문을 했을 때 일어나는 과정을 분석해 보자. '어제 어떻게 보냈어?'라는 기억 관련 질문에 대답하기 위해서 당신의 뇌는 그 즉시 대답을 찾기 위해 뇌를 검색한다.

인터넷의 검색 엔진과 마찬가지로 DN은 어제와 관련된 모든 정보를 다 찾기 시작한다. 그리고 그 중에서 가장 조회수가 높은 것을 위로 끌어올릴 것이다. 책 앞머리에 설명했던 부정성 편향은 우리가 살아남기 위해 걱정해야 한다고 믿는 것, 즉 부정적인 것에 관심을 집중시키는 경향이 있다. 즉 부정적이고 불확실한 생각이 조회수가 높은 경향이 있다는 뜻이다.

DN은 과거에 했던 수많은 선택에 근거해 '어제 어떻게 보냈어?'라는 질문에 대한 답을 찾으려 한다. 연구에 따르면 우울증 같은 부적응 인지를 겪는 동안 DN은 반추의 영향을 받을 것이다. '어제 어떻게 보냈어?'라는 일반적인 질문에 대한 DN의 검색은 무작위가 아니라는 뜻이다. 당신의 마음이 불안, 공포, 우울에 집중하고 있어서 그것에 대한 반추를 계속하다보면 DN 검색 엔진은 부정적인 기억 또는 부정적인 분위기의 생각을 결과로 내놓을 것이다. DN은 그것이야말로 당신이 찾던 대답이라고 생각한다. 결국 어제 하루에 대한 당신의 대답은 부정적인 것이 되고 만다.

디폴트 검색 결과 무시하기

당신이 수동적이라 DN이 앞장서도록 허락해 버리면 결국 부정적인 결과를 얻기 쉽다. 하지만 좋은 것들을 찾아보면 훨씬 더 긍정적인 대답과 감정을 얻을 수 있다. 당신은 '어제 어떻게 보냈어?'라는 질문에 어떤 대답을 할지 선택할 능력이 있다.

그 질문에 대한 내 디폴트 반응은 이러하다.

'어젠 끔찍했지. 내가 계획했던 것보다 세금을 더 많이 내야 한다는 걸 깨달았거든. 배관공이 화장실 고치러 오기까지 3일을 기다렸는데, 그가 다녀간 지 하루 만에 또 고장이 났어. 내가 파트너랑 저녁을 먹기로 한 곳도 전기가 안 들어온다는 이유로 문을 닫았더라. 줌으로 전화 통화를 하는 중에 인터넷이 나갔어. 내 딸이 가족들이랑 놀러 오기로 했는데 취소됐다고 전화가 왔더라고. 이렇게 형편없는 일들이 연달아 일어났지.'

그럼 새롭게 대답을 해보자. 정확히 똑같은 날이라도 다른 렌즈, 긍정의 렌즈로 바라보면 이런 대답이 나올 수 있다.

'어젠 굉장했지! 파트너와 바닷가에서 오랫동안 산책을 했어. 원래 가려던 곳은 문을 닫았지만 새로운 음식점을 알게 되었어. 여태 한 번도 가본 적 없지만 멋진 곳이더군. 내 친구는 딸이 최고의 대학에 입학하게 된 것을 축하하겠다고 나를 저녁 식사에 초대했어. 굉장히 유명한 팟캐스트에서 연락이 와서 강연을 부탁받았어. 예전 학생이 최근에 책을 출간했다며 선물도 보내줬지. 그리고 사위는 나에게 자전거 경주를 신청하더군. 정말 환상적이고 기쁜 일들이 연달아 일어났지.'

두 대답 모두 사실이다. 모든 경험이 지난 24시간 안에 일어난 것들이다. 난 각기 다른 방식으로 정직한 대답을 할 수 있었다. 둘의 차이는 무엇일까? 바로 내가 무엇을 검색하려고 의도했는가 하는 것이다.

당신이 세부 사항을 떠올릴 때 선택했던 마음가짐이 당신의 감정, 사건에 대한 이해, 미래에 일어날 일에 대한 기대까지 변화시킨다. 이런 선택이 이루어질 때 무슨 일이 일어나는지 이해하는 것이 중요하다.

선택은 우리의 생각을 구체화한다. 인터넷 검색 엔진과 유사하게, DN은 우리가 특정한 결과를 찾아달라고 부탁할 때마다 다르게 반응할 것이다. 생각을 어떻게 떠올리느냐에 따라 생각의 내용, (부정적이거나 긍정적인) 생각의 방식이 결정된다.

미래를 위해 생각의 틀 만들기

나는 생각이 물과 같다고 생각한다. 담는 그릇에 따라 물의 모양이 달라지듯이, 생각 역시 우리 선택에 따라 다른 모습을 취하기 때문이다. 내가 친절함으로 세상을 바라보기로 선택했다면, 친절함은 내 생각을 채우는 그릇이 된다. 생각이 친절함의 형태를 띤다. 하지만 내가 배신을 당했을 때의 시선으로 세상을 바라보기로 했다면, 내 생각은 배신의 모습을 취하게 된다. 우리는 우리의 시선을 선택하고, 생각은 그걸 쫓아온다.

한 친구가 정육각형이 아닌 구 모양 고무 얼음 틀을 준 적이 있다. 난 둥근 모양이 마음에 들었지만 그 틀에 물을 채우기 위해서는 굉장히 조심해야만 했다. 별생각 없이 일반 얼음 틀에 물을 채우면 늘 일반적인 정육각형 얼음을 얻게 될 것이다. 하지만 내가 원하는 모양에다 물을 채우면 원하는 모양의 얼음을 얻을 수 있다. 같은 물인데 결과물은 다르다. 그 차이는 바로 내가 선택한 형태에서 나온다. 당신의 생각도 물과 같아서 당신이 물을 담은 용기에 따라 그 모양이 결정된다.

재미 삼아, 이 책의 제목이 『부정성 효과, 어떻게 쟁취할 것인가』였다면, 내가 하루를 어떤 식으로 기억하라고 추천할 것 같은가? 당신이 어떻게 하면 더 비참해질지 알고 싶어 하며, 실제로 그것을 실현시킬 확실한 방법을 찾고 있다고 가정해 보자. 아마 나는 어제 있었던 일 중 가장 최악의 순간을 떠올리고 그 자세한 사항을 나열해 보라고 하면서 이야기를 시작할 것이다. 잘못되었으면 좋겠는 것들의 목록을 적으라 하고, 가능한 한 자주 그것들을 떠올리며 되풀이해 읽으라고 말할 것이다.

아마도 불안이 공포로 향하는 최선의 방법이며, 최근의 연구에 따르면 COVID-19에 대한 불안과 공포가 심리학적 고통을 증가시키고 동시에 삶의 만족감을 감소시킨다고 알려주었을 것이다. 더불어 당신은 이런 공포와 불안에 대한 불확실성과 의심이 미래에 대한 비관주의에 불을 지핀다는 것을 알게 될 것이다. 당신이 부정적인 것들을 기억하고, 주목하고, 곱씹으며 그와 관련된 선택을 더 많이 할수록, 점점 더 끔찍한 기분을 느끼게 될 거라는 사실도 배우게 될 것이다.

당신이 만성적인 고통이라는 목적을 달성하기에 충분한 능력을 갖췄음을 알려주고 싶은 마음에 난 이 모든 것들을 권장할 것이다. 당신이 원할 때 언제든지 자신을 비참하게 만드는 게 우리의 목표라면, 난 의심, 걱정, 공포를 키우는 방법을 알려줄 것이다.

지금까지 이야기가 얼마나 말도 안 되게 들릴지 잘 안다. 하지만 조금만 연습해서 당신 삶의 부정성과 불확실성에 초점을 맞추다 보면 정말로 형편없는 인생관을 만들어내는 데 도움이 될 것이다. 부정성에 집중하는 법을 배움으로써 즉각적인 결과를 확인할 수 있게 될 것이며, 한 달도 안 돼 당신의 저울은 한쪽으로 기울어버리고 결국 부정성 효과를 경험하게 될 것이다. 아마 거의 모든 순간이 끔찍할 것이다.

물론 이것들은 바보 같은 예시이다. 기분을 나쁘게 만들기 위해 신중하게 노력할 사람은 아무도 없기 때문이다. 하지만 만성적인 불안, 공포, 우울을 안고 사는 사람들에겐 이런 일이 실제로 일어나고 있다. 관련 과학과 연구에 따르면 반추, 부정성, 불확실성 그리고 줄어든 삶의 만족도, 웰빙 사이에는 강력한 연관성이 있다고 한다. 그것들 모두 비관주의 증가로 이어진다. 부정적인 것과 불확실한 것들을 반추하는 사람들은 보통 어려움에 직면했을 때 훨씬 더 수동적인 모습을 보인다. 이런 마음 상태로는 건설적으로 문제를 해결하지 않으려는 경향이 있고, 그러다 보니 불안과 우울의 가능성은 더욱 높아지는 것이다. 그들은 늘 하던 일에만 익숙하고, 자신의 생각을 바꾸려는 시도를 하지 않는다. 그들은 자신을 지금의 상태로 몰아넣은 행동들을 반복적으로 이어간다.

미래를 위한 생각의 틀을 만들 때는 두 가지가 중요하다. 1) 생각의 선명함 혹은 탁함 그리고 2) 생각을 담는 그릇의 모양이 바로 그것이다. 당신이 긍정적인 경험과 감정을 찾아내기 위해 기억 속을 들여다볼 때, 당신은 그 경험이 무엇이었는지, 그리고 어떤 느낌이었는지를 떠올린다. 기억의 검색은 그것을 검색할 때 사용했던 긍정적인 그릇에 따라 그 모양이 결정된다. 미래에 당신의 생각이 어떤 결과를 낳을지에 주목하자. 당신이 어떤 선택을 하느냐에 따라 앞으로 다가올 미래의 형태가 결정된다.

습관의 끌어당기는 힘을 느껴라

당신의 마음은 당신이 과거에 했던 선택들을 끊임없이 이어갈 것이다. 우리는 습관의 동물로, 이 습관에는 행동뿐만 아니라 생각과 감정의 습관도 포함된다. 시간이 지나며 생각과 감정, 행동의 패턴이 어떤 상황에 대한 디폴트 반응이 된다. 당신이 과거에 도전을 회피하고 그에 대해 수동적인 반응을 보였다면, 그 회피가 당신의 생각 습관이 되는 것이다. 그럴수록 결과에 대해 불안해지고, 반추를 하게 되니, 결국 우울해진다. 결국 불안과 우울이 당신의 감정 습관이 된다. 좋은 것이든 나쁜 것이든, 우리는 원래 습관에 익숙해진다. 이 습관을 바꾸기 위해서는 의도적인 노력이 필요하다. 당신은 초점을 바꾸어야 한다. 그래야 과거의 선택이 디폴트가 되지 않는다.

샤워를 하다 보면 습관이 얼마나 무의식적인지를 알 수 있다. 평소와는 반대쪽 손을 이용해 이를 닦고, 샴푸를 하고, 몸을 씻어보자. 평소 익숙한 방식을 거스르는 게 얼마나 힘든지 알게 될 것이다. 우린 평소 익숙한 방식에 대해서는 아예 생각조차 하지 않는다. 무의식적으로 가능하기 때문이다. 샤워 순서, 물의 온도, 각 작업의 신체적 루틴은 인식해서 하는 행동이 아니다. 평소와는 다르게 행동을 해봄으로써 뇌를 깨워서 인식적인 행동을 할 수 있다.

생각 습관 역시 대부분의 시간 동안 눈에 띄지 않게 작동되며, 역시나 변화시키기 힘들다. 다만 한 번 새로운 습관의 적응에 성공하면, 그것이 다시 새로운 루틴이 될 수 있다는 점에서 희망적이다. 핵심은 반복이다. 무엇이든 간에 반복만이 오래간다.

만성적인 부정적 생각, 불안, 우울은 생각의 습관에서 나온다. 앞서 언급했듯 특정한 방향으로 치우친 사고는 뇌의 패턴으로 드러나며 이것을 디폴트 네트워크라고 부른다. 뇌의 DN은 무언가에 대해 특별히 생각하고 있지 않을 때, 어떤 일을 특별히 처리하지 않을 때 두각을 나타내는 뇌의 영역이다. 다른 말로 하면, 우리가 특별한 외부 활동에 참여하지 않을 때 또는 몽상을 할 때, DN이 활성화된다는 것이다. DN에 대한 연구는 여전히 진행 중이지만 몇 가지 흥미로운 발견이 있다. 바로 우리가 어떻게 걱정을 하는지, 그리고 우리가 그것으로 무엇을 할 수 있는지에 대한 것이다.

DN에 대해 연구하는 연구자들은 사람들이 반추를 할수록 '미래보다는 현실의 정신 상태, 그와 관련된 자전적 정보에 집중한다'고 언급한다. 이는 우리가 부정적인 생각에 사로잡히는 이유를 알려주는 중요한 정보이다. 우리가 샤워 방법을 거의 인식하지 못하는 것처럼, DN은 우리가 사용하는 생각의 습관을 인식하지 못하게 만든다. 만약 우리가 잠시 반추에 빠지면, DN이 우리를 그 생각의 고리 안에 계속 빠트려놓을 것이다.

다른 선로로 옮겨갈 수 있음에도 불구하고 계속해서 원만 그리고 있는 장난감 기차를 생각해 보자. 선로 스위치를 이용해 기차를 다른 방향으로 보내지 않으면, 기차는 계속해서 빙글빙글 돌기만 할 것이다. 장난감 기차의 모습이 마치 반추와 같다. DN은 우리를 원형 선로 위에 올려놓고, 우리는 선로 스위치가 우리의 방향을 바꿔줄 때까지 계속 그곳에 머물려 한다. 우리가 이 스위치를 찾지 않는다면, 상황을 뒤집을 기회는 없다.

자신감 있는 사람들은 스위치를 찾아 누르는 법을 배웠다. 늘 그렇게 해 왔기 때문이다. 그래서 원형 선로에 갇히지 않도록 자신에게 권한을 부여한다. 그들은 스위치를 끄는 법을 알고 있고 자신의 생각을 미래로 돌리는 법도 배웠다. DN에서 탈출하는 방법을 아는 것이다. 맨 처음에는 DN을 인식하는 것부터 시작한다. 목적지가 없는 원형 선로 속에서 돌고 있다는 것을 인식해야 한다. 이것이 바로 변화가 필요하다는 것을 깨닫는 중요한 첫 단계다.

잠시 생각은 물과 같다는 이야기로 돌아가 보자. 당신이 지금 개울에서 물을 뜨고 있다고 상상해 보자. 양동이를 들고 가장 가까운 개울가에서 물을 뜬다. 하지만 그 근처의 물은 고여 있어서 깨끗하지 않다. 물을 마셔보면 맛이 이상한 것도 알 수 있을 것이다. 하지만 가깝기 때문에 늘 그 장소에 가고, 거기서 물을 뜬다. 가장 손쉽게 갈 수 있는 곳이기 때문에 계속 거기에 가고 있는 것이다.

똑같은 행동을 함으로써 똑같이 원치 않는 결과를 얻고 있다는 걸 깨달았을 때, 즉, 변화가 필요하다는 동기부여가 되었을 때, 당신은 깨끗한 물을 찾아 나서는 의도적인 행동을 하게 될 것이다. 그 장소에서 물을 뜨는 선택을 한 책임이 바로 자기 자신에게 있다는 걸 깨달은 순간, 당신은 변화할 힘을 얻게 된다.

신중한 노력 또는 신중한 반추로 당신은 부정적인 패턴을 새롭고 긍정적인 패턴으로 대체할 수 있다. 당신은 이런 생각들을 직접 지휘할 수 있다. 처음엔 부정적인 것만큼 가깝고 친근하지 않기 때문에 노력이 필요할 수 있지만 이를 반복해야 한다. 당신이 원하는 곳으로 생각을 끌고 가지 않으면, 오히려 그 생각들이 예전에 있었던 곳으로 당신을 데려갈 것이다. 이제 이 과정이 어떻게 진행되는 것인지 알아보도록 하자.

 탐구 어제 그리고 디폴트 네트워크

목록을 만들어야 하니 노트를 준비하사. 이 책에 나오는 모든 훈련은 책을 읽어나가며 직접 참여할 때 가장 효과적이다. 당신이 지금 막

읽은 내용을 바탕으로 그 내용을 강화한다고 보면 된다.

어제를 떠올리며 어제 했던 모든 일들의 목록을 만들어 보자. 1분 정도의 시간 안에 끝내면 된다. 다음은 내 고객 중 한 명의 것이다.

- 미팅 생각에 불안해서 준비하려고 일찍 일어남
- 청구서를 보내고 공과금을 냄
- 가게에 갈 시간이 없을 것 같아 걱정되어 배터리를 배달 주문함
- 온라인 회의에 참여해 중요 사항을 들음
- 비타민 먹기
- 고객과 만남. 약속 두 개는 스케줄을 다시 짰고, 점심 식사를 배달 주문함
- 오후에 있을 프레젠테이션 준비
- 프레젠테이션 동안 기술적 문제가 있었지만 잘 해결됨
- 파트너가 집에 옴. 각자의 하루를 되새김
- 딸과 사위에게 손녀의 첫 생일에 대해 이야기함
- 파트너와 함께 체육관에 감, 집에 돌아와 저녁 먹음.
- TV를 좀 보다가 평소보다 일찍 잠이 듦

이 목록을 읽으며 기능 언어와 감정 언어의 차이를 발견했을 것이다. 기능 언어는 '일어남, 보내고, 냄, 주문함, 들음, 준비, 되새김, 이야기함, 보다가' 등이 있고, 감정 언어는 '불안해서, 걱정이 되어, 문제'

등이 있다.

이제 디폴트 네트워크에 의해 작성된 당신의 목록을 살펴보자. 기능 언어에는 동그라미를 그리고, 감정 언어에는 밑줄을 치자.

그런 다음 무엇을 깨달았는지, 이것이 어제 하루에 대한 당신의 감정에 어떤 영향을 주는지 적어보자. 이제 '어제 어떻게 보냈어?'라는 질문에 어떻게 반응할 것인가?

아마 당신이 적은 목록은 어제 하루 동안의 'to-do list'와 다름없다는 것을 알게 될 것이다. 이 목록 안에서 긍정적인 감정이 쏟아져 나오는 건 쉽지 않다. 솔직히 부정적인 감정을 느끼는 게 더 쉽기 때문에 목록에도 부정적인 감정이 등장할 수 있다. 긍정적인 감정(딸과 사위에게 손녀의 첫 생일에 대해 이야기함)이 있을 수 있지만 좀처럼 주목을 받지 못한다.

이 목록은 DN을 이용하여 작성되었다. DN은 그 질문이 무엇을 묻고 있는지, 그리고 가장 흔한 대답은 무엇일지에 근거한 대답을 선택한다. 내가 '생선 요리하는 법'을 검색하자, 검색 엔진이 가장 흔한 내용을 내밀었던 것처럼 말이다. 그리고 그 검색 결과는 결코 최적의 결과가 아니었다.

(긍정 효과 작동법을 배우기 전) 전형적인 방식으로 무언가를 떠올리면, 우리는 마음속에 있는 것과 관련한 포괄적인 반응을 얻게 된다. 내 인터넷 검색처럼 정밀 도움이 되는 최신의 대답은 결고 얻지 못한 채 가장 흔한 대답만 얻게 될 것이다.

무엇이 당신의 관점에 더 많은 긍정성을 안겨줄 수 있을까? 내가 '바비큐 그릴에 참치 요리하는 법'처럼 구체적인 질문을 했듯이, 긍정적인 감정 같은 특별한 것 역시 구체적으로 찾아 나서야 더 정확하게, 더 많은 것을 얻을 수 있을 것이다. 올바른 질문을 해야 더 도움 되는 대답을 얻을 수 있다.

감사의 마음으로 기억을 소환할 때 일어나는 일

당신 마음속의 회의론을 언급하며 이 문단을 시작할까 한다. 긍정적인 감정의 힘과 부정적인 감정의 축소에 대해 처음으로 배우기 시작할 때, 내가 가장 먼저 공부한 것은 바로 감사에 대한 연구였다. 그것은 흥미롭고 심지어 인상적이기도 했다. 하지만 감사한 마음을 가져야 멋진 일이 일어날 수 있다는 연구들이 있음에도 불구하고, 이렇게 작고 사소한 것들이 이 모든 긍정적 결과를 이끌어낼 수 있다는 것이 솔직히 이해되지 않았다. 감사의 마음이 우리의 웰빙에 광범위하고 강력한 영향을 끼친다는 연구가 버젓이 있는데도, 내 눈엔 그것들이 너무 쉽고, 지나치게 단순화되었으며, 너무 부수적으로 보였기에, 난 그 어떤 것도 직접 시도해 보지 않았다. 연구를 알고는 있었지만 적용해 보지는 않았던 것이다.

그러던 중, 역시나 긍정심리학자인 친한 친구 조엘이 감사의 마음을 알고 있는 것과 그걸 이해하는 것은 엄연히 다르다고 알려주었다. 나는 매일 감사 연습을 시작했다. 내가 감사함을 느낄만한 것들을 찾아내고, 만끽하며, 인식을 더욱 넓히는 연습이었다. 당신이 아직 『긍정 효과』로 얻은 게 아무것도 없다면, 삶 속에서 감사하는 마음을 가지는 것이 최고의 시작점이라는 사실을 알아주었으면 좋겠다. 그것은 제대로 하기만 하면 당신의 웰빙을 증진시킬 수 있는 최고의 연습이며, 긍정적인 감정이라는 가치와 힘을 가지고 있다. 감사 연습이 이토록 강력하고 시작하기 편한 이유는 세 가지가 있다.

첫째, 감사함은 늘 과거의 긍정적인 경험과 관련이 있기 때문에 손쉽게 다가갈 수 있다. 문을 잡아준 사람에게 고맙다고 인사를 하기만 해도, 그 행동 뒤에 감사함이 따라온다. 이 기회를 놓치고 제대로 이용하지 못했다면, 이미 일어난 좋은 일이라도 다시 끄집어내어, 기억하고, 강조하고, 수집해야 한다. 미래를 바꾸기 위해서는 과거를 바라보는 방식을 바꾸라.

둘째, 누군가 혹은 무언가가 당신의 웰빙을 위한 행동을 했을 때 당신은 감사함을 표시한다. 감사함을 표현하기 위해서는 공감과 이타심이 필요하며, 공감과 이타심을 갖추니 감사할 일이 더욱 눈에 띄게 되는 것이다. 즉 당신이 타인에게 감사함을 표시하면 결국 당신이 웰빙을 느끼는 혜택을 누리게 된다. 감사하는 마음은 좋은 선물과 의도를 알아볼 술 아는 능력을 키워준다. 이것을 감사와 웰빙의 신순환이라 한다. 정확히 말해 감사는 웰빙을 고취하고, 반대로 웰빙은 더 많은 감사를 고취한다. 스스로 행복하다고 생각한다면 더욱 감사함을 표시하자. 그러면 이 과정을 반복할 기회를 찾아 상승의 소용돌이를 탈 수 있을 것이다.

마지막으로, 우리를 행복하게 만든 것에 대해 감사하는 마음을 가지면 우리 자신, 남, 혹은 둘 다를 향한 친사회적인 행동이 늘어난다. 감사한 마음을 가지면 그 마음을 표현하기 위해 다양한 친사회적 행동을 창의적으로 고려할 가능성이 높아진다. 우리는 감사함을 느낄 때 타인에게 친절을 베풀려 하고, 그들에게 긍정적인 행동을 하려는 의욕을 가진다.

다른 어떤 긍정성 중에서도 감사함은 독특한 위치에 있다. 우리의 디폴트 네트워크가 정보를 검색하는 방식을 바꾸어놓기 때문이다.

탐구 감사의 렌즈를 끼우자

감사의 렌즈가 긍정성에 어떤 영향을 끼치는지 알게 된 지금, 어제 일을 다시 한번 리뷰해 보자. 이번엔 어제 하루 동안 감사함을 느꼈던 일을 적어도 세 가지는 포함하자. 다음의 예시는 앞선 목록을 작성했던 환자가 같은 기간에 쓴 것이다.

- 내 프레젠테이션은 계획보다 훨씬 잘 진행됐다. 기술적 에러를 손쉽게 해결했고 사람들은 매우 좋은 반응을 보였다. 흥분하지

않고 잘 해결해서 정말 다행이다.

- 친구가 전화로 놀라운 사실을 알려주었다. 곧 브로드웨이에서 보기로 한 공연의 극작가가 같이 학교를 다녔던 친구이며, 그녀가 일정을 조정해 공연 후 만나주기로 했다는 것이다. 기분이 너무 좋았다.
- 손녀딸의 생일날 페이스타임으로 손녀를 볼 수 있어서 행복했다.
- 제일 좋아하는 중국 음식점에서 저녁을 주문했는데, 평소보다 에그 롤이 훨씬 맛있었다.
- 내가 사용하는 서비스에서 고객 보상 프로그램을 운영 중이라 점심을 공짜로 먹었다. 한낮의 기분 좋은 특전이었다.
- 체육관에서 우리 건물에 사는 새로운 사람들을 만났다. 매우 즐거웠다.
- 파트너와 소파에서 뒹굴거리다가 TV를 보며 잠이 들었다. 일주일 중 가장 사랑스럽고 한가한 시간이었다.

이제 두 번째 목록을 보고 언어를 확인해 보자. 단순히 기능 언어를 사용하기보다는 긍정적인 어조를 많이 사용해 경험을 묘사했다. '훨씬 잘 진행됐다, 매우 좋은 반응, 정말 다행이다, 기분이 너무 좋았다, 행복했다, 평소보다 훨씬 맛있었다, 기분 좋은 특전, 사랑스럽고.'

여러분이 적은 목록을 보자. 긍정직인 단어나 문장에 동그라미를 치자. 앞선 목록과 변화가 생긴 이유는 어제를 바라보는 렌즈가 생겼기 때문이다. 언어가 긍정적인 감정을 담는 그릇인 만큼 이는 중요한 변화이다.

그럼 두 목록을 비교해 보자. 두 번째 목록에 등장하는 긍정적인 단어가 첫 번째 목록에도 등장하는가? 아마 대부분 아닐 것이다. 예시의 경우, 첫 번째 목록에는 극작가와 관련된 전화가 아예 등장하지도 않았다. 즐거움과 감사함이 완전히 잊힌 것이다. 검색 알고리즘에 감사함이 존재하지 않는다면, 디폴트 네트워크는 중요한 것들을 놓치고 말 것이다.

두 번째 목록을 통해 여러분에게는 각자 원하는 생각을 선택할 능력이 있음을 알 수 있다. 자신감이 있는 사람들은 자신의 삶 중에서도 확실한 것들에 더욱 주의를 기울인다. 그것이 그들의 방식이다. 그들은 자신에게 유리한 경험을 강조하는 방식으로 세상을 바라보는 법을 배운다.

물론 균형을 찾아야 한다. 진정으로 자신감이 있는 사람들은 실제 상황을 무시하지 않는다. 오히려 자신들의 관점을 이용하여 실제로 긍정적인 것이 부정적인 것보다 더 많아지게 한다. 그들은 문제를 직면했을 때, 곤란한 일들을 못 본 체하는 대신 오히려 거기에서 가능성을 찾는다. 이런 행동은 결국 그들이 잠재력과 희망으로 가득 찬 미래를 꿈꿀 수 있도록 발판을 마련한다.

당신이 기억하기로 선택한 것이 자신감의 비밀이다

자신감 있는 사람은 자신에게 힘이 있다고 느끼기에 걱정을 하진 않는다. 왜냐하면 기억을 검색하는 법을 알기 때문이다. 그들은 선택적으로 기억을 떠올린다. 유능감이란 스스로 자신의 선택을 통제할 수 있다는 걸 아는 데서 나온다. 그들은 힘, 기술, 능력에 초점을 맞추기로 선택을 한 것이다. 끊임없는 걱정의 악순환에 빠지는 대신, 그들은 과거의 성공, 긍정적인 경험, 좋은 결과를 생각한다. 그들은 선택적인 기억 검색을 통해 과거 기억과 연관 있는 긍정적인 감정 역시 다시 끌어모아 활성화시킨다. 휴지 상태에 있던 긍정적인 감정을 현재로 가져오는 것이다.

이것이 자신감의 비밀이다. 무엇을 기억하기로 선택했는지에 집중함으로써 기억 속 긍정적인 감정을 거둬들여 지금 이 순간 꺼내놓는 것이다. 언제나 준비가 되어있는 긍정적인 상태는 당신을 자신감 있게 미래로 나아가게 만들며 결국 목적 달성에 도움을 준다.

긍정적인 경험과 감정을 찾아 나설 때는 그것이 어떤 경험이었는지 기억해내는 것에 멈추지 말고, 그것이 어떤 느낌이었는지도 떠올려야 한다. 그래야 부정적인 선로에서 빙글빙글 돌기만 하던 기차가 긍정적인 선로로 옮겨갈 수 있다. 당신은 적절한 긍정성을 만들어내지 못하는 일상의 악순환에서 벗어나, 대신 자신감과 사기 확신을 품고 모험을 떠날 수 있다. 당신은 기억을 선택할 수 있으며, 이는 이후 당신이 경험하는 긍정성의 양을 결정한다.

긍정적인 정보를 검색하고 불러들이는 새로운 방법에 대해 더 알아보자.

무언가를 바라보는 서로 다른 방법

앞서 어떻게 분류하느냐에 따라 13이 숫자로 보일 수도, B로 보일 수도 있다는 이야기를 했다. 이는 관점에 따라 같은 이미지라도 완전히 다른 것으로 보일 수 있다는 사실을 보여준다. 사람들은 자신의 관점에 상당한 자신감을 보인다. 아래 그림을 살펴보자.

당신이 왼쪽 끝에 서 있다면 바닥의 숫자가 6으로 보일 것이다. 하지만 오른쪽에 서 있다면 똑같은 이미지가 9로 보일 것이다. 반대편 끝에 서 있는 두 사람은 자신이 보고 있는 것을 두고 진심으로 그리고 첨예하게 논쟁을 벌일 것이다. 여기서 핵심은 무언가에 대한 당신의 관점은 자신의 입장에서는 절대적이고 의심의 여지가 없다 해도, 완전히 다르게 보일 수도 있다는 점이다.

좀 더 드라마틱하게 표현하자면, 늘 만성적으로 불안해하고 종종 우울해하는 사람은 6을 본다. 반면 자신감 있는 사람은 똑같은 상황이라도 다른 방식으로 보기 때문에 9가 보인다. 그들은 다른 관점으로 대상을 보는 법을 배웠기 때문이다. 걱정하는 사람은 제한된 가능성만 보겠지만, 자신 있는 사람은 더 많은 걸 볼 것이다. 자신감을 가진 경험이 있는 사람은 숫자가 6으로 보이는 상황에 닥치더라도 자신에게 이 상황을 다르게 볼 능력이 있음을 깨닫는다. 그들은 우선 주어진 것을 바라보는 새로운 방법을 찾기 시작한다. '어제 어떻게 보냈어?'라는 질문을 듣고 처음 한 대답이 6이라면, 감사한 마음을 품고 두 번째로 한 대답은 9라는 것이다.

두 가지 관점으로 이야기를 읽어보자. 다음은 내 고객의 실제 사례다.

나에게는 힘과 권위를 주장하고 자신의 위치를 확고히 하려는 새 상사가 있다. 그녀는 나에게 재검토와 보고서를 요청하고, 내 부서와 관련하여 너무나 많은 시간이 소요되는, 아니 결코 끝나지도 않을 것 같은 정보를 요구한다. 그녀가 원하는 시간까지 원하는 정보를 하나 제공했더니, 곧바로 그녀는 세 개를 더 요구했다. 이 일 때문에 일상의 루틴이 깨져버렸다. 나는 너무 고통스럽고 스트레스를 받으며 늘 걱정스럽다.

나는 고객에게 새로운 관점에서 이 문제를 바라보라고 요청했다. 그녀는 이 일과 관련해 어떤 점에 감사함을 느끼는가? 이 일을 통해 어떤 가능성을 찾을 수 있는가? 이 과정에는 그녀가 끄집어내 전면에 내세울 수 있는 긍정적인 요소들이 섞여 있는가? 그녀는 다음과 같이 썼다.

상사가 요구한 것들 중 일부는 내가 제대로 알지 못하던 것이었기에, 상사를 위해 정보를 모으는 과정에서 내 부서에 대해 많은 것들을 깨닫게 되었다. 그것들은 하마터면 놓칠 뻔했던 매우 중요한 정보였다. 상사가 새로 왔기 때문에, 이 과정은 상사와의 초기 관계를 발전시키고, 상사에게 우리 부서의 요구를 알리며, 원활한 작업 관계를 발달시킬 기회가 되어주었다.

이 과정을 통해 나는 좀 더 적극적으로 행동하며 내 의견을 피력할 수 있게 되었다. 어떤 요구에는 '노'라고 말해야만 했고, 상사가 원하는 기한을 바꿔야 할 때도 있었다. 원래는 이런 걸 잘 못 하는데 이번 기회에 적극적으로 명확하게 의견을 말할 기회를 갖게 되었다. 매번 내 입장을 해명할 때마다, 상사는 이해해 주었고, 우리는 약속을 재조정했다. 이 과정에서 나는 내가 하는 말들이 가치가 있다고 느끼게 되었고, 그녀는 나를 전문가로서 존중했다.

마지막으로, 상사가 요청한 자료를 리뷰하다 보니 창의적인 아이디어들이 떠오르기 시작했다. 나의 프로그램의 특성을 다른 시각으로 바라보니 창의성이 자극되어 미래를 위한 더 나은 계획을 세울 수 있게 되었다.

똑같은 상황이라도 부담스럽고 부정적으로 보일 수도 있고, 다르게 보면 긍정성을 도출하는 상황으로 보일 수도 있다. 과연 어떤 방법이 더 많은 자신감을 불어넣을 수 있을까?

탐구 관점을 뒤집어라

여러분의 상황에도 똑같이 적용해 보자. 우선은 6의 관점에서 글을 쓴다. 그리고 아래의 질문들에 스스로 답을 해보면서, 9의 관점으로 다시 바라본다.

당신은 이 일과 관련해 어떤 점에 감사함을 느끼는가?

이 일을 통해 어떤 가능성을 찾을 수 있는가?

이 과정에는 당신이 *끄집어내* 전면에 내세울 수 있는 긍정적인 요소들이 섞여 있는가?

당신이 한 상황에 대해 9의 관점에서 글을 쓸 때 어떤 느낌을 받았는지 주목해 보자. 노트에 감정과 관련해 알아차린 것들을 적어보자. 역량이 강화되었음이 느껴지는가? 자신감이 느껴지는가? 이 변화를 가능하게 한 게 무엇인지 써 보자. 그런 다음 이런 관점을 삶의 다른 영역에 어떻게 적용할지 생각해 보자.

심리학적 자기 보호가 목적 달성을 돕는다

과학자들은 자신감과 유능감을 연구할 때, 오래전부터 종종 '자기 효능감'이라는 용어를 사용해 왔다. 자기 효능감이란 원하는 결과를 가져올 수 있는 능력에 대한 자기 평가로 이해된다. 흔히 성취나 실적과 관련된 학문 분야에서 연구가 이루어지며, 그래서 때로는 기업가적 자기 효능감이라고도 한다.

자신이 어떤 일을 해낼 수 있다는 믿음은 긍정심리학의 가장 흥미로운 연구 분야 중 하나이다. 우리는 어떤 일을 일으키고 그 일을 완수하는 능력을 가진 사람, 심지어 스스로 행복하고 회복 탄력성 있다는 걸 드러내며 그 일을 해내는 사람을 존경한다. 그들은 현재 상황을 피하는 대신, 도전에 맞선다.

어떻게 하면 자신감 있고 자기 효능감 있는 사람이 될 수 있을까? 이에 관한 연구가 놀라운 대답을 들려준다. '자기 관리'가 비법이라는 것이다. 명확하지도 않고 진부하기만 한 결론처럼 들릴 수 있다. 하지만 자기 관리를 할 줄 아는 사람은 계속해서 자기 자신을 더욱 자신감 있고 회복적인 사람으로 만들 줄 안다. 회복 탄력성에 관해서는 다음 챕터에서 알아볼 것이며, 지금 여기서는 자기 관리가 무엇인지, 그리고 자기 관리가 어떻게 자신감을 북돋는지를 살펴보려 한다.

자기 자신을 잘 돌보는 것에 왜 그런 가치가 있는 것일까? 물론 자기 관리는 특히나 신체적인 웰빙을 가꿀 때 효과가 있는 것으로 보인다. 이를 닦고, 샤워를 하고, 운동하고, 충분한 잠을 자고, 잘 먹을 때 이는 분명해진다. 우리는 이런 방식으로 우리 몸에 투자를 하면 기분이 나아지고, 더 나은 성과를 낼 수 있다고 생각한다. 게다가 자기 관리는 하면 할수록, 스스로에 대한 투자를 더 하고 싶어진다.

어떤 종류의 자기 관리든 이를 통해 긍정적인 감정의 상호 관계에 뛰어들 수 있다. 다른 말로 하면, 우리가 무언가를 성취할 수 있다는 작은 믿음만 갖고 있어도, 이것이 마지막 챕터에서 설명한 희망을 심어준다는 뜻이다. 이 긍정적인 감정은 무언가를 성취할 수 있을 거라는 믿음이 진짜 실현되었을 때 더욱 커진다. 그리고 이 과정이 성공하면 우리는 긍정성의 선순환에 들어서게 된다. 이 선순환은 양방향이다. 우리의 노력은 효과를 낳고, 그 효과는 우리의 노력을 뒷받침한다.

심리학적 자기 관리는 우리가 웰빙을 증진시키기 위해 선택한 활동에 가치가 있다고 믿는다. 결국에는 잠재적으로 좋은 감정이 남을 것임을 알기에 우리는 거기에 참여한다. 그리고 실제로 어떤 행동으로 인해 좋은 감정을 느끼게 되면 우리는 그 행동의 동기를 강화시킨다.

명상은 심리학적 자기 관리의 한 형태이다. 이는 감정적인 자기 조절 그리고 감정의 관찰과 숙고 능력이 얼마나 대단한 가치를 가지는지 이해할 수 있게 해준다. 명상을 할 때 우리는 심사숙고를 통해 우리가 느끼는 감정을 통제하려고 노력한다. 감정을 관찰하려는 그 행위 자체가 변화를 일으킨다. 왜냐하면 우리는 그 순간 단순한 감정의 경험자가 아니라 목격자가 되기 때문이다. 다양한 명상은 다양한 방식으로 성공을 이루어낸다. 실제로 각종 명상은 편견, 정신 질환 증상, 신체적 고통, 외상 후 스트레스 장애(PTSD), 스트레스 호르몬 코티솔, 불안, 우울, 반추, 우울에 깔려있는 자아비판을 줄여주었다고 한다. 명상은 감정 재평가, 웰빙, 마음 챙김과 더불어 자기 연민을 증가시킨다는 결과도 있다.

명상을 하면 평소의 일반적인 인식과는 다른 방식으로 신중하게 자신의 인식을 처리하게 된다. 자신의 생각에 대한 신중한 접근은 통제를 불러일으킨다. 당신이 의도적으로 당신의 생각을 심사숙고하기 시작하는 순간, 그것은 당신이 생각하고 있던 것의 본질을 바꾸어놓는다. 이렇게 생각을 하기 위해 잠시 멈추는 시간이 가치 있는 순간이다. 당신은 명상이 도움이 되고 시도할 가치가 있다고 믿기 때문에 명상을 시도하기로 마음먹었을 것이다. 그리고 실제로 그 결과가 좋으면 계속해서 명상에 시간을 투자하도록 동기부여가 된다. 자기 강화, 자기 확신, 자립의 선순환이다.

나는 명상을 강력히 추천하지만, 그보다 더 단순한 거로 시작을 해보자. 자신감을 얻기 위해, 매일 매일 긍정적인 감정을 모으는 것부터 시작할 수 있다. 모닥불을 지피기 위해 나뭇가지를 모으는 것과 마찬가지다. 긍정적인 감정은 당신의 삶을 따듯하게 데워줄 연료이다. 한번 불이 붙으면 그것은 자신감을 낳는다. 유능감과 지속가능한 행동 변화로 나아갈 선순환을 여기서 시작할 수도 있다. 세상을 바라보고 경험하는 인식의 방식을 다른 방식으로 변화시키는 것이다. 우리는 지난 챕터에서 13과 B를, 이번 챕터에서는 6과 9를 예로 들며 그 이야기를 나누었다. 당신 주변의 긍정성을 찾고, 만들어내고, 거기에 감사할 수 있도록 당신의 인식을 조정함으로써 당신의 인식은 더 많은 깃털을 낳고 결국 삶의 균형을 맞추는 데에 도움이 될 것이다. 당신이 긍정적인 감정을 향해 시선을 돌릴 수 있을 때, 당신은 비로소 '마음을 열고 긍정의 자원을 키워나갈 수 있을 것이다.'

이 핵심에 자애 명상이 있다. 그 이름이 함축하고 있는 것처럼, 이 명상은 낭만과 상관없는 폭넓은 사랑, 호의, 친절, 연민의 감정을 쌓아나가는 데에 집중한다. 원래 불교 전통에 기인한 것이기는 하지만, 그것이 긍정적인 감정의 증가, 부정적인 감정의 감소, 사회적 유대감의 증진에 효과가 있다는 과학적인 증거 덕분에 어마어마한 인기를 누려왔다.

자신감이 넘치고 역량이 강화된 자신을 만들기 위해 연료를 모으는 가장 간편한 방법은 자신이 느끼는 바를 의도적으로 변화시킬 수 있다는 걸 증명하는 것이다. 이는 긍정적 감정을 활성화하여 심리학적 자기 관리를 하는 방법이라 할 수 있다. 그러기 위해서는 자애 명상에 대한 연구에 등장하는 요소를 빌려와야 한다.

노트를 준비하자. 세 부분으로 나누어진 연습을 한 번에 할 계획이다. 늘 그렇듯, 책을 읽으면서 동시에 연습을 시도하도록 하자. 이것은 당신이 해야 할 작업 중 가장 중요한 것이다. 이로 인해 상승의 소용돌이에 들어서고, 감정의 상호 관계에 뛰어드는 경험을 할 수 있을 것이다.

파트 1

1. 노트에 세 개의 세로 칸을 만들고 몸, 생각, 감정이라 쓴다. 이 순간 당신이 이것들을 어떻게 경험하고 있는지 정확히 쓰는 것으로 시작한다.

2. 몸에 집중하는 것부터 시작한다. 머리부터 발끝까지 각 부위에 초점을 맞추며 몸의 감각을 스캔한다. 어깨, 목, 배, 다리에 무엇이 느껴지는가? 무엇이 가장 의식되는가? 어디에서 무언가가 느껴지는가? 몸에 해당되는 세로 칸에 이 감각들을 최대한 자세하

게 설명한다.

3. 생각을 알아차리는 것으로 넘어가자. 생각을 하기 위해 당신은 어떤 단어를 이용하는가? 당신의 걱정은 무엇인가? 과거에 관한 것인가? 미래에 관한 것인가? 지금 몸이 느끼는 것과 생각 간에 연관이 있는가? 관찰한 내용을 생각 세로 칸에 써넣는다.

4. 감정으로 관심을 돌려보자. 이 훈련을 하면서 어떤 감정을 갖게 되었는가? 몸, 생각, 감정 간에 어떤 관계가 있는가? 당신이 느낀 바를 감정 칸에 쓴다.

파트 2

1. 손발을 턴다. 머리를 한 방향으로, 또 반대 방향으로 돌린다. 심호흡을 세 번 한다. 그리고 노트의 새로운 장을 펼쳐 다시 몸, 생각, 감정의 세로 칸을 만든다.

2. 이번에는 당신을 불편하게 만드는 사람을 생각한다. 당신을 슬프고, 화나고, 실망하게 만드는 사람의 이름을 그 페이지 위에 적는다.

3. 이 사람을 떠올리며 몸에 집중한다. 머리부터 발끝까지 각 부위에 초점을 맞추며 몸의 감각을 스캔한다. 어깨, 목, 배, 다리에 무엇이 느껴지는가? 무엇이 가장 의식되는가? 어디에서 무언가가 느껴지는가? 불편한 사람을 생각하는 동안 당신이 간가을 몸 세로 칸에 기록한다.

4. 이제 이 사람에 대한 당신의 생각을 적어보도록 하자. 생각을 하기 위해 당신은 어떤 단어를 이용하는가? 당신의 걱정은 무엇인가? 이 사람과의 과거 경험에 대한 것인가? 이 사람과의 미래 경험에 대한 것인가? 지금 몸이 느끼는 것과 생각 간에 연관이 있는가? 관찰한 내용을 생각 세로 칸에 써넣는다.

5. 이 사람을 떠올리면 어떤 느낌이 드는지 기록한다. 그들을 마음 속에 그리면 어떤 감정을 품게 되는가? 당신이 느낀 바를 감정 칸에 쓴다.

6. 세 개의 칸에 쓴 내용 간에 연관이 있는지를 확인해 보자. 어떤 연관이 있는가? 이 불편한 사람을 떠올리는 것이 당신에게 어떤 영향을 주는 것 같은가?

여기서 멈추고 파트 1과 파트 2에 적은 것을 비교해 보자. 무엇이 바뀌었는가? 가장 눈에 띄는 변화는 어디인가? 몸? 생각? 감정?

이제 긍정 효과에 대해 알아보자.

파트 3

노트의 좌측 페이지에 세로 칸 세 개를 만든다. 1) 당신이 사랑하고 당신을 사랑하는 사람, 2) 당신이 좋아하고 당신을 좋아하는 사람, 3) 당신이 같이 지내고 싶어 하는 사람과 당신과 같이 지내고 싶어 하는 사람. 목록에 이름을 올릴 수 있는 기회는 한 사람당 단 한 번이다. 각각의 목록은 서로 다른 사람들의 모임이어야 한다.

이제 당신이 쓴 목록을 보고 한 장면을 떠올린다. 당신이 목록에 이름을 적은 사람과 긍정성을 느끼는 순간을 떠올린다. 이런 순간을 긍정 공명이라고 일컫는다.

1. 손발을 턴다. 머리를 한 방향으로, 또 반대 방향으로 돌린다. 심호흡을 세 번 한다. 그리고 노트의 새 페이지에 몸, 생각, 감정의 세로 칸을 만든다.

2. 누군가와 이 감정을 느끼던 장면을 떠올린다. 몸에 어떤 일이 일어나는지 의식한다. 이 감각을 몸 칸에 적는다.

3. 마음의 눈으로 각각의 사람을 바라볼 때 드는 생각을 적는다. 당신의 생각 중에 어떤 점이 눈에 띄는가? 당신의 생각과 몸 사이에 새로운 연관성이 보이는가? 관찰한 바를 생각 칸에 적는다.

4. 감정 칸에, 이 기억을 떠올릴 때 느끼는 바를 기록한다. 당신은 어떤 감정을 경험하는가? 이런 감정이 생각과 몸에 어떻게 드러나는가? 눈에 띄는 연관성이 있는가?

이제 세 개의 목록을 비교해 보자. 맨 처음, 부정적인 사람을 떠올렸을 때, 긍정 공명을 경험할 때, 당신은 무엇을 느꼈는가? 다음의 질문에 대한 답을 노트에 적어보자.

- 무엇이 변했나? 목록에 있는 긍정적인 사람을 떠올렸을 때 어떤 신체적 감각, 생각, 감정이 변화했나?
- 이것이 유익하다고 생각하는가? 특히 긍정 공명을 경험했던 사람을 떠올렸을 때 감정, 생각, 몸이 긍정적으로 변화했는가?
- 일상생활 중 이렇게 초점을 바꾸는 경험을 어떻게 활용할 수 있을까?

당신은 불과 몇 분 만에 생각의 힘을 통해 감정을 변화시켰다. 누군가를 긍정적으로 생각하면, 당신은 자신의 생각, 몸, 감정과 긍정적인 공명을 하게 된다. 당신의 경험은 즉각적으로 변화한다. 주의를 다른 데로 돌림으로써 감정을 변화시킬 수 있다는 걸 스스로 증명한 것이다.

이 탐구는 좋은 관계와 나쁜 관계의 힘을 동시에 보여준다. 당신은 자신에게 슬픔을 주는 사람을 생각함으로써 당신의 생각을 부정적인 방향으로 흔들어 놓을 수 있었다. 그런 다음 그동안 기억 속에 누적된 행복하고 긍정적인 경험으로 방향을 틀었다. 우리에겐 필요할 때마다 그것들을 활성화시킬 능력이 있기 때문이다. 결국 부정적인 사람을 생각하느냐, 긍정적인 사람을 생각하느냐에 따라 우리의 몸, 생각, 감정이 달라졌다.

이 훈련에서는 내가 때에 따라 무언가를 떠올리도록 요구했지만, 실제로 이 능력은 당신의 것이며 당신의 재량에 따라 사용할 수 있다. 갑자기 부정적인 반추와 걱정에 마음이 사로잡혔더라도, 의도적으로 긍정 공명을 경험한 사람들을 떠올리게 만들 수 있다. 이것이 바로 감정적 자기 조절을 통한 심리학적 자기 관리다.

탐구 당신이 원하는 것을 더 많이 요청하도록 행동하라

이번엔 긍정 공명과 친사회적 행동의 힘에 초점을 맞추어 보겠다. 당신은 당신의 삶 속 관계를 더 자세히 들여다보고, 찬양하고, 존중함으로써 이미 당신에게 좋은 영향을 끼치고 있는 것을 더욱 키워나갈 수 있다. 당신에겐 생각하는 방식, 심지어 당신의 행동까지 바꿀 수 있는 힘이 있다.

1. 당장 오늘부터, 당신이 긍정적인 관계를 나누고 있다고 적은 사람 중 한 명에게 간단히 연락을 하는 것으로 시작을 해보자. 지금 바로 문자메시지를 보내거나, 이메일을 보내거나, 전화를 건다. 소셜미디어를 활용하거나 카드를 보낼 수도 있고 직접 방문할 수도 있다. 이 경험이 어땠는지를 노트에 기록한다.
2. 목록에 적은 사람들 모두에게 한 번씩 연락이 가도록, 매일 이 일을 반복한다. 경험이 끝났을 때, 그 과정이 어땠는지, 어떤 감정이 느껴졌는지를 떠올려본다.
3. 한동안 이 경험을 한 뒤, 어느 쪽이 더 가치 있는지를 생각해 보자. (앞선 경험에서 해보았던 것처럼) 누군가를 떠올리는 것? 혹은 그들에

게 직접 연락을 취해보는 것? 어느 쪽이 긍정적인 감정을 만들어 내는 데에 더 효과적이었는가? 각각의 파급효과는 무엇인가? 혹은 두 가지를 결합했을 때의 파급효과는?

　당신의 기분을 변화시키기 위해서라면 이 훈련들을 동시에 사용해도 좋다. 이 방법들은 감정 변화를 이끌어내기 위해 가장 강력한 형태의 긍정성, 즉 사회관계를 이용한다. 또한 자신이 느끼는 바를 의도적으로 변화시킴으로써 당신은 자기 관리의 능력을 스스로 증명한다. 이 단순한 행동이 무언가를 성취해내는 힘을 심어준다. 바로 여기에서 자신감과 유능감이 나온다.

　이제 한 걸음 더 들어가 보자. 당신이 세상을 긍정적으로 바라보는 매 순간이 예전의 긍정적인 경험 위에 쌓아 올려지고, 이는 자연스레 미래의 긍정적인 감정으로 이어진다. 이는 당신 삶에 어마어마한 영향을 줄 수 있다.

믿는다, 고로 나는 성취한다 (그리고 그 반대도 마찬가지다)

　사업, 학교, 관계에 자신감을 보이는 사람들은 성공의 기본 원칙을 습득했다고 할 수 있다. 그들은 일찌감치 진리를 알아내고 거기에 따라 살아가고 있는 것이다. 생각은 당신이 어떤 사람인지 결정하고, 그 생각의 질이 당신의 성공을 결정한다. 다르게 말하면 '무언가 가능하

다고 믿는 것이 그것을 성취하는 최선의 방법이다.'

이런 이야기는 예전부터 들어보았을 것이다. 긍정적인 사고는 아주 오래전부터 우리 주변에 존재했기 때문이다. 다만 이 유명한 격언에는 자신감 있는 사람들을 위한 뒷내용이 더 남아있다. '내가 믿는 것을 성취하면 자신감이 강화된다.'

자신감 있는 사람들은 에너지의 선순환이 있다는 걸 알고 있다. 무언가를 성취하기 위해서는 그것이 가능하다고 믿어야만 한다. 그리고 그것이 실제로 일어나면, 같은 일이 다시 일어날 수도 있다는 감정에 힘을 실어준다. 자신감 있는 사람들에게는 다음과 같은 영속성이 있다. '내가 가능하다고 믿었던 무언가를 성취하면 자신감이 강화된다.'

당신이 자신감의 영역에 아직 발을 들이지 못했다면, 이런 상호 관계를 작동시키지 못한다. 우선 좀 더 작은 계획은 성취가 가능하리라 믿고, 이를 성공시키면, 긍정적인 피드백을 느낄 수 있다. 그러면 다음번에는 더욱 큰 노력이 필요한 일에 대해서도 조금 더 믿음을 가질 수 있다. 이런 식으로 발판을 마련해 가면 당신은 성공을 통해 역량을 강화할 수 있다. 믿음에 의해 긍정적인 감정이 촉진되면, 당신은 스스로를 변화의 주체로 보기 시작한다. 이는 창의적인 대처 전략을 이끌어내고 결국 당신의 긍정성을 증진시킨다.

자신감 있는 사람들은 바버라 프레드릭슨이 '생활방식 변화의 상승의 수용돌이'라고 부르는 것에 이미 빌을 들이고 있다. 이 상승의 소용돌이는 우리 모두 경험할 수 있다. 우선은 위로 올라가기 위한 작은 목표와 노력부터 시작한다. 자신감이 넘치든 이번이 처음이든 상관없이 작은 것부터 시작하는 것은 공통된 원칙이다. 무언가를, 무엇이든 성취할 수 있다는 한 줌의 믿음이 이 상승의 소용돌이에 불을 지필 것이다.

이 소용돌이의 역학은 브레드릭슨 박사의 '확장과 구축' 이론에 근거한다. 이 이론은 규칙적이고 가벼운 일상의 긍정적 감정이 우리의 의식을 변화시킨다는 걸 보여준다. 브레드릭슨 박사는 이렇게 말한다. '마음을 열고 긍정의 자원을 키워나가라.'

이제 당신은 긍정성을 선택할 줄 알게 되었다. 이를 반복적으로 하다 보면 긍정 효과에도 가속도가 붙을 것이다.

지금까지 자신감 있는 사람들의 행동 방식을 살펴보았으니, 이제 그들이 어떻게 회복 탄력성 있는 상태를 유지하는지에 주목해 보자. 고난을 경험했을 때, 끝없이 추락하는 대신 바닥을 찍고 다시 튀어 오를 수 있는 방법을 알아볼 것이다.

챕터 4

회복 탄력성 : 유연한 사고방식으로 도전하면서 용기를 가져라

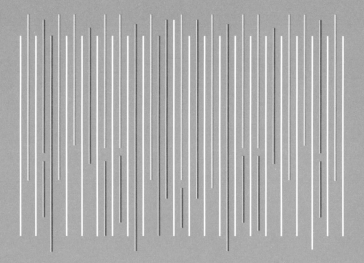

행동을 막는 장애물이 행동을 진전시킨다.
길을 막고 서 있는 것이 길이 된다.

– 마르쿠스 아우렐리우스

무언가 미리 계획했지만 결국 기대가 다 엇나가기만 했던 경험이 있는가? 믿고 의지했던 사람 때문에 낙담한 적이 있는가? 당연히 일어날 거라고 자신만만했던 상황이 생기지 않았던 적이 있는가? 아니면 생각했던 성과를 얻었지만 생각만큼 만족스럽지 못했던 경우는? 우리가 원하는 결과를 얻지 못할 때마다 어김없이 실망감이 찾아오고, 우리는 거기에 대처해야 한다.

인간이라면 누구나 이런 경험을 한다. 일이 이 방향으로 진행될 거라 믿으면서 다른 방향으로 보내버리는 것, 우리가 늘 하는 일이다. 존 레넌도 이렇게 노래하지 않았는가. '인생은 다른 계획을 세우느라 바쁠 때 일어나는 일들이다.'

일이 생각대로 진행되지 않을 때, 우리는 유연하게 대처할 수도 있고 아니면 큰 상처를 받을 수도 있다. 준비가 되어 있을 수도 있고 그렇지 않을 수도 있으며, 임기응변이 통할 수도 있지만 도가 지나쳐 임기응변이 통하지 않을 수도 있다. 연구자들은 사람들이 문제에 대처하는 방식이 다양한 이유를 분석해 왔다. 물론 기대했던 결과는 아니지만 기대했던 것보다 결과가 좋으면 기분 좋게 기뻐할 때도 있다. 예를 들어 호텔이 당신의 예약을 누락시켜 사죄의 의미로 룸 업그레이드를 시켜줄 때처럼 말이다. 하지만 예상치 못한 인생의 우여곡절은 대부분 부정적인 경험일 때가 많다.

이 챕터에서는 당신의 예상이 차질을 빚게 되었을 때 회복 탄력성을 찾는 법에 관해 이야기할 것이다. 예상 밖의 일이 부정적인 것으로 밝혀졌을 때 무슨 일이 벌어지는지, 그리고 그때 당신은 무엇을 할 수 있는지에 집중할 것이다. 그리고 다음 챕터 낙관주의에서는, (좋은 혹은 그다지 좋지 않은) 뜻밖의 사건을 통해 어떻게 고도의 준비성을 기를 수 있는지를 보여주겠다.

역경을 받아들여라. 위협 또는 도전으로

연구자들은 회복 탄력성을 두 가지 방식으로 이해한다. 회복 탄력성은 차질 혹은 파괴적인 경험에 의해 영향을 받은 상태를 견디는 능력을 의미한다. 또한 이런 경험을 겪은 후 다시 원래 상태로 돌아올 수 있는 심리학적 능력을 의미하기도 한다. 첫 번째 정의는 생존에 관한 것이며 두 번째는 번영에 관한 것이다. 우리는 역경을 마주했을 때, 단순히 견디는 것 이상을 해낼 수 있는 잠재력이 있다. 곤경에 대한 우리의 태도는 결과를 결정짓는 중요한 요소이다. 상황을 어떻게 보는가가 우리의 반응을 결정한다.

우리가 이 상황을 위협으로 받아들이면, 그것은 실제로 위협이 된다. 그 순간 문제를 해결하기 위한 우리의 선택이 제한된다. 위협을 마주하면 우리는 제한된 반응을 보일 수밖에 없기 때문이다. 우리는 그 상황을 오로지 위험하고 위협적인 것으로만 파악하려는 경향에 저항해야만 한다. 여기에서 부정성 편향이 작동할 수 있다. 왜냐하면 걱정이란 적응적 가치를 지니고 있기 때문이다. 인류 역사에서도 우리는 걱정을 할 때에만 살아남았지 않았는가. 하지만 우리가 생존이 아니라 번영을 원한다면, 우리는 이런 경향을 긴 안목으로 바라보아야 한다. 부정성 편향을 억제하지 않으면 그것은 우리 대응의 선택권을 제한할 것이다. 우리는 장기적인 걱정 상태에서, 우리가 찾지 못한 해결책을 필사적으로 찾으며 반추에 잠겨있을 것이다.

똑같은 상황에 접근하더라도, 다양한 각도와 서로 다른 관점, 열린 태도로 다가가면 위협이 도전이 될 수 있다. 도전을 받아들이면 위협을 감지했을 때보다 더 많은 선택지가 떠오른다. 도전할 때 우리는 미리 상황에 앞서 가진 것을 적극적으로 사용한다. 상황을 위협으로 인지하느냐, 도전으로 인지하느냐에 따라 우리가 역경에 대처하는 방식이 결정된다.

문제 상황이 생겼을 때, 우리는 눈앞에 닥친 곤경을 이용하여 우리의 생각을 재평가, 재검토하는 기회로 삼을 수 있다. 실제로 회복 탄력성이 있는 사람들은 그렇게 한다. 심리학자에게 '인지적 재해석'이라고 알려진 이 재평가는 곤경 속에서도 의미를 찾을 수 있게 도와준다. 우리는 상황을 바라보는 새로운 시각, 의미를 찾아내는 관점의 변화를 웰빙의 향상에 사용할 수 있다. 그것은 우리가 다시 회복하도록 도울 뿐만 아니라 앞으로 나아가도록 도울 수도 있다. 그럼 이제 우리 마음의 본질이 어떻게 이런 회복 탄력성을 만들어 내는지 살펴보자.

장애물에 대한 마음의 반응

뇌와 마음의 작용을 연구하는 과학자들은 인간이 '전망'이라는 과정에서 미래의 심적 표상을 만들어 낸다는 것을 알아냈다. 전망은 보통 긍정적인 방식으로 우리를 나아가게 만든다. 우리는 미래에 우리가 원하는 것을 생각하고, 그것을 어떻게 성취할지 계획을 짜고, 이 계획을 실행한다. 이는 보통 순응적이고 성공적이다. 우리가 아침에 잠에서 깨는 순간부터, 우리는 침대에서 일어나, 양치를 하고, 옷을 입을 계획을 짠다. 우리의 마음은 열심히 전망한다. 미래의 전망은 우리에게 질문한다. '무엇을 원하는가? 그것을 얻기 위해서는 무엇을 해야 하는가? 이 일을 실현시킬 가장 효과적인 방법은 무엇인가?' 이는 대체로 우리가 생각하는 방식과 같다. 사실 우리는 미래에 무엇이 다가올지 상상하며 미래에 살고 있다.

당신의 마음은 본래부터 미래를 예상한다. 그리고 이는 인간의 가장 강력한 자산 중 하나이다. 당신은 미래의 가능성, 잠재력, 숨어있는 위험을 상상할 수 있다. 이미 존재하는 걸 그냥 상상하는 게 아니라, 대안적 가능성을 만들어 내고 평가한다. 이것이 아마 심적 현상의 가장 역동적이고 건설적인 본성일 것이다.

당신의 마음을 평가하고 예견하는 예측 기계라고 생각해 보자. 예측을 잘하면 모든 게 순조로워진다. 모든 것이 정리된 느낌을 받고, 성공적으로 나아가게 되며, 성취에 대한 긍정적인 느낌도 받을 수 있다. 좋은 감정이란 목표를 성취하도록 돕는 성공적인 적응 전략에서 나온다. 당신은 제시간에 학교에 가기 위해 모닝 루틴을 계획했고, 모두 같이 먹을 완벽한 저녁을 준비했고, 수업 시간에 제출할 보고서를 썼으며, 제시간에 제출해 좋은 성적을 받았다. 성공적인 전망에는 좋은 감정이 뒤따른다.

지금까지는 모든 게 다 순조롭게 진행될 경우를 말한 것이다. 상황이 엉망이 되어버리면 다른 경우가 생겨난다. 부정성 편향과 함께 미래는 걱정을 해야 할 존재가 되어버린다. 걱정의 시그널이 작동된다. 부정성 편향은 위협 평가가 된다. 매일 직장, 학교, 가게에 갈 때마다 같은 루트를 이용하는데 갑자기 생각지도 못한 우회로가 생기면, 당신의 의도는 흐트러지고 당황하게 된다. 미래를 위한 계획에 장애물이 생기면 그것은 미래 예측 기계에 문제를 일으킨다. 당신의 마음은 그것이 위협인지 도전인지를 결정해야 한다. 그리고 어떤 반응을 보여야 할지 재검토하고 재평가해야 한다. 그리고 대개는 걱정할 거리가 있다는 평가를 내리게 된다. 인간은 원래 그러도록 만들어졌기 때문이다. 이리하여 걱정의 눈사태가 시작된다.

일상적인 예를 들어보자. 당신은 침대에서 일어나, 슬리퍼를 신고, 욕실로 가서, 손을 씻은 다음, 양치질을 할 준비를 한다. 그런데 아무리 찾아도 치약이 보이지 않는다. 기대와 실제 상황이 어긋난 것이다. 치약이 없는 건 그리 대단한 일은 아니다. 하지만 기대에 지장을 주었기에 선택의 순간을 만들어 낸다. 당신은 어떻게 할 것인가? 이 상황에서의 선택지는 아주 많다. 별것 아닌 상황에도 나올 수 있는 상황이 어마어마하게 많다. 여기 몇 가지 예시가 있다.

- 당신의 파트너가 이미 치약을 다 쓰고도 새것을 갖다 놓지 않았을지 모른다. 당신은 이 사실에 화가 나, 다시는 이런 일이 일어나지 않도록 파트너에게 이 이야기를 하기로 마음먹는다.
- 치약을 다 쓰고도 새 치약 사는 것을 까먹었을 수 있다. 욕실 수납장에 남는 치약이 없는지 찾기 시작한다.
- 치약이 없다는 걸 믿을 수가 없다. 어제만 해도 멀쩡한 치약이 있었기 때문이다. 어디 떨어지지 않았는지 바닥이나 샤워 부스를 확인한다.
- 대용품을 찾아서 베이킹소다가 있는지 확인해 본다. 아니면 치약 없이 이를 닦기로 한다.

- 다른 욕실에 있는 것을 가져올 수도 있다.

장애물은 새로운 행동을 유발한다. 그리고 행동을 하기 위해서는 그 전에 재평가가 필수다. 당신의 뇌는 몇 초 안에 셀 수 없이 많은 선택지를 고민한다. 무슨 일이 일어나고 있는지, 그리고 당신이 무엇을 할 수 있는지 평가한 내용에 따라 선택지는 달라지고, 그에 따라 행동의 방향이 결정된다. 파트너에게 화가 났는가? 아니면 본인이 어제 치약을 다 썼다는 걸 깨달았는가? 무슨 일이 있었는지 별로 신경 쓰지 않고 그저 대체품을 찾아 나서는가? 구강청결제로 입을 헹구고 아무 일도 없다는 듯 일과를 시작할 것인가?

어떤 상황에 대한 우리의 믿음은 온갖 생각에 힘입어 불꽃을 내며 행동을 촉발시킨다. 우리가 전망했던 방향으로 가지 못하게 막는 그 장애물은 새로운 접근법을 만들어 낼 정신적 공간을 제공한다. 이런 '생각의 일시 정지'가 일어났을 때 우리는 무엇이든 할 수 있다. 긍정 효과도 이때 이 과정에 개입하여 어떤 방향으로 어떤 결정을 내릴지 알려주기 시작한다.

부정성 편향을 넘어선 선택지

내비게이션을 따라 운전을 하다가 방향 전환을 놓쳤을 때, 내비게이션은 그 짧은 순간 '재탐색'을 시작한다. 아직 새로운 길이 제대로 나타나지도 않았는데 내비게이션은 당신에게 다음 안내를 어떻게 해야 할지를 고민하고 있다. 앞으로 달리고는 있지만 그 순간 정확한 길은 확인되지 않았다. 내비게이션은 당신을 목적지까지 안내하기 위해 새로운 길을 찾아 재평가, 재검토, 재탐색을 하는 것이다.

당신이 어떤 행동을 취해야 할지 생각하며 가능성과 선택지에 대한 깊은 전망에 빠졌을 때도 이와 비슷한 과정이 벌어진다. 당신의 전망은 경로를 재탐색하는 GPS와 마찬가지다. 여전히 같은 목적을 달성하고 싶지만 그러기 위해서는 새로운 방법을 찾아야만 한다. 부정성 편향에 빠지지 않는 재탐색 팁을 몇 가지 소개하겠다.

잠시 멈춰 생각하라

생각을 하기 위해 멈추면, 해석과 대안을 제대로 파악할 수 있다. 아주 짧은 시간이라도 괜찮다. 잠시라도 멈추면 상황을 오로지 위협으로만 파악하려는 욕구를 참을 수 있기 때문이다. 그 대신 우리는 새로운 선택지, 대안, 가능성을 실험해야 한다.

이 생각할 시간을 늘리는 것은 당신이 자기 자신에게 줄 수 있는 선물이다. 계획했던 것이 뜻대로 이루어지지 않았을 때, 당신은 생각할 시간이 필요하다.

다행히 당신의 뇌는 굉장히 빠르게 움직이기 때문에, 아주 짧은 시간만 주더라도 다양한 전망과 선택지를 내놓을 수 있다. 내비게이션은 뇌의 속도와 정교함에 비하면 느리고 투박하다. 미래에 대해 생각하고 목적을 달성하기 위해 계획을 짤 때 당신은 선견지명이 생긴다. 기대가 어긋나는 순간 생긴 짧지만 소중한 시간에, 당신은 어떤 새로운 행동을 할지 선택할 수 있다. 길이 막혔을 때 내비게이션이 새로운 길을 재탐색하듯, 예측 기계도 재계산을 해야만 한다. 예상하지 않았던 우회로를 만났을 때는, 시간을 가지고 재탐색, 재평가, 재계산을 하여 목적지까지 어떻게 갈지 알아내면 된다.

예전에 성공적으로 길을 찾았던 기억을 떠올려라

차를 몰고 보스턴에 갔던 적이 있다. 어마어마한 구획정리와 재건축을 거친 도시였는데 내가 가진 건 오래된 내비게이션뿐이었다. 그마저도 업데이트를 받지 않아 내비게이션은 아무런 도움도 되지 않았다. 정지 신호를 받고 서 있는데 내비게이션이 이렇게 말했던 기억이난다. '신호등에서 우회전하세요.' 내비게이션 지도는 정확히 오른쪽으로 이어지는 거리가 보여주었지만, 실제로는 길 대신 몇 층짜리 주차 빌딩이 보였다.

지금 내 앞에 (나의 낡은 내비게이션처럼) 예전에는 괜찮았지만 지금은 더 이상 실행 가능하지 않은 선택지만 놓여있을 경우, 결국 막

다른 골목, 부정성, 안타까운 결과만 있을 뿐이다. 즉 우리가 부정적인 과거의 경험을 바탕으로 결론을 내리고 있기 때문에 막상 새로운 문제를 해결해야 할 때 최선의 선택지를 찾지 못한다는 뜻이다. 그렇게 정해진 선택지는 적절한 해결, 그럴듯한 대안, 성공적인 결과를 얻어내지 못한다. 우리 선택에 대한 전망이 시대에 뒤떨어지고 정확하지 않으면, 선택하게 되는 행동도 만족스럽지 못하고 제한되며, 결국 하강의 소용돌이의 입구에 다다르게 된다.

우리가 선택하는 행동의 종류를 변화시키기 위해, 우리는 새로운 정보를 채우고 업데이트를 해야 한다. 그렇지 않으면 결국 주차 빌딩만 만나게 된다. 마찬가지로 우리도 가능한 한 가장 최신 정보와 선택지를 준비함으로써 각자의 정확도를 높일 수 있다. 내비게이션에 업그레이드가 필요하듯이 더 회복 탄력성 있는 우리가 되기 위해서는 우리의 선택지도 업데이트가 필요하다. 과거 부정적인 정보에 편향된 데이터 대신, 바로 지금, 최신 데이터에 주의를 기울이자.

지금 이 순간 새로운 정보를 탐색하라

당신은 목적지까지 가기 위해 어떤 지도를 이용하는가? 길이 막혔거나, 길을 잃었거나, 문제가 생겼다면, 혹시 당신의 길 안내가 시대에 맞지 않는 건 아닐까? 중요한 것은, 우리가 해답을 찾기 위해 하는 행동은 우리의 선택지에 달려 있으며, 우리는 이 선택지가 지금도 사용 가능하다고 믿고 있다는 점이다. 도전을 헤쳐나갈 때는 마음의 문을 열고 성공적이고, 효율적이며, 효과적인 경로 수정을 염두에 둬야 한다. 내비게이션에 실시간 교통 정보 기능을 추가하는 것이나 마찬가지다. 이 순간 어떤 길이 최선일지 구체적인 정보를 검토함으로써, 당신은 지금 상황을 고려하여 당장 필요한 대안을 내놓을 수 있다. 내면의 내비게이션을 업데이트하고, 지금 이 순간 무슨 일이 일어나고 있는지 확인하고 준비하면, 장애물을 만나더라도 더 수월하게 피해갈 수 있을 것이다.

연구에 따르면 좌절을 다루는 우리의 능력은 두 가지 기본적인 특성과 관련이 있다고 한다. 과거에 다양한 좌절을 잘 다룬 경험, 그리고 ('유연한 자기 조절'이라고도 알려진) 사고의 적응성이 바로 그것이다. 그저 제자리로 돌아오는 걸 넘어 앞으로 한 발 나아가기 위해서는 다양한 경험을 해보아야 한다. 그 경험을 통해 우리가 상황을 헤쳐나가는 방법을 알아냈음을 증명해야 한다. 또한 목표에 도달하기까지 여러 갈래의 길을 두루두루 생각할 줄 아는 유연함을 길러야 한다.

인식을 통해 균형 회복하기

이 챕터에서 나는 우리 마음이 어떻게 반응하는지 보여주기 위해 (없어진 치약처럼) 작은 장애를 예로 들었다. 하지만 이혼, 배신, 트라우마 같은 좀 더 중요한 문제를 맞닥뜨렸을 때, 우리의 깊은 감정적 본질은 정확히 우리의 노력에다 그 그림자를 드리울 수 있다.

심각한 상황에서 당신의 기대가 망가지거나, 지장이 생겼거나, 중단되었다고 상상해 보자. 당신은 지금의 직장을 유지하기를, 결혼하기를, 휴가를 가기를, 둘째를 낳기를, 일찍 퇴직하기를, 살을 빼기를, 제때 비행기를 타기를, 승진하기를, 아이에게 소리치지 않기를 바랐다. 하지만 기대가 어긋난 순간 당신은 모든 게 다 멈춰버린 느낌을 받을 것이다. 이제 무얼 해야 할지, 어떻게 이 상황을 빠져나갈지 생각해낼 수도 없는 상태가 될 것이다.

이런 혼란스러움은 흔하다. 상황에 대한 기대가 산산조각이 났을 때, 충족되지 못한 그 기대는 우리를 고장 난 상태에 밀어 넣는다.

하지만 우리는 원래 균형을 이루도록 설계되었기에, 균형이 어긋나 버리면 전체적인 시스템이 나서서 우리를 원상태로 돌려놓기 위해 고군분투한다. 신체적으로 균형이 맞지 않았던 때를 생각해 보자. 걷다가 조그만 빙판을 만나 미끄러질 때, 계단을 헛디딜 때, 현관 앞 러그를 잘못 밟았을 때. 무슨 일이 일어났나? 당신은 재빨리 몸을 일으켜 균형을 잡았을 것이다. 뇌와 신체는 당신을 균형 상태로 돌려놓기 위해 함께 작동한다. 다리를 크게 휘두르고 평소 움직이는 방식과는 많이 다른 모습으로 발을 내디디며 급히 체중을 분산시킬 것이다. 넘어지지 않으려고 몇 발자국 잰걸음을 걸을 수도 있고, 무언가 잡으려고 팔을 내밀 수도 있다. 그리고 이 모든 움직임이 재빠르게 일어난다. 이것이 신체적 회복 탄력성이다. 장애에 대한 반작용으로 그저 제자리로 돌아오는 것도 모자라 앞으로 나아갈 수도 있다.

우리가 치약을 찾지 못하든, 직장을 잃게 되든 한 가지는 확실하다. 우리는 균형을 잃고 넘어진다. 감정적으로 균형을 잃은 상태를 심리학자들은 '불평형' 상태라고 한다. 안정적이고 조화로우며 정돈된 상태는 '평형' 상태, 누구나 선호하는 자연적인 상태이다. 어떻게 해서 이런 변화가 일어나는지는 몰라도 우리의 상태가 괜찮지 않다는 건 우리가 제일 먼저 인식하게 된다. 균형 상태가 흐트러진 걸 알면, 그 연쇄반응으로 상태를 되돌리려는 고군분투가 일어난다. 기분이 괜찮은가, 그렇지 않은가 사이에는 큰 차이가 있다.

우리 내면에는, 우리 기분이 어떤지, 지금 상태가 괜찮은지 아닌지 모니터를 하는 내면의 관찰자가 있다. 이 관찰자를 '자아', '관찰하는 자아', '관찰하는 에고' 등 뭐라고 부를지는 크게 중요하다고 생각하지 않는다. 어떤 이들은 우리가 균형 상태인지 아닌지에 상관없이 자신을 '높은' 관점에서 바라보고 있기에 '상위 자아'라고 부르기도 한다. 종교적 관점에서 '능력자, 초월자, 영혼'이라고도 하고, 디팩 초프라는 이것을 '비국소적 자아'라고도 부른다. 그 용어가 무엇이든 간에 그 관찰자가 하는 일은 우리 자신을 경험하고 우리가 균형 상태에 있는지 아닌지 확인하는 것이다. 이는 자기 조절을 책임지는 영역과 관련이 있다. 줄타기 곡예사나 바다에서 배 사이를 건너는 사람처럼, 우리는 스스로가 적절한 균형 상태에 있는지를 끊임없이 확인하고 있다. 그 과정에서 이 관찰하는/상위/비국소적 자아는 조금씩, 조금씩 조정을 한다. 필요하다면 대규모 조정이 들어가기도 한다.

우리의 뇌는 뛰어난 관찰자로서의 능력이 있다. 우리를 인간답게 만드는 것에도 이 능력이 많은 부분을 차지하고 있다. 우리가 회복 탄력성을 키워나갈 때 더 확장시키려고 애쓰는 것도 이 의식이다. 왜냐하면 일단 우리가 불평형 상태를 인식하면 우리는 의도적으로 일시 정지 상태를 만들어 재검토를 거친 후 새로운 전망을 하기 때문이다.

우리는 불편한 불균형을 알아차리자마자, 우리가 정돈된 상태에 있지 않다는 것을 의식하게 된다. 우리는 균형 상태로 되돌아가기 위해 할 수 있는 모든 것을 하고 싶어 한다. 심리학자들은 이런 장애물을 다스리기 위해 우리가 선택한 행동들을 대략적으로 '자기 조절'이라고 분류했다. 우리는 우리의 웰빙을 방해하는 것을 교정의 대상으로 받아들인다.

과학자들은 불평형이 평형의 기폭제이자 책임자이며, 불평형은 감정의 자기 조절에 불을 붙인다는 사실을 오래전부터 알고 있었다. 우리가 균형 상태에서 벗어났을 때, 우리 내면의 관찰자도 그것을 알아차린다. 불평형은 평형을 일으킨다. 균형이 벗어난 상태는 우리로 하여금 균형 상태를 갈망하게 만든다. 조절이 필요하다는 걸 의식하면 뒤따라 통제감이 생겨나고, 결국 불평형의 불편함은 줄어들거나 다른 것으로 변형된다.

우리는 통제력을 되찾고 싶어 한다. 신체적으로 균형을 잃었을 때, 우리의 몸은 넘어지는 걸 막기 위해 반응한다. 감정적으로 균형을 잃었을 때도, 우리의 자기 조절은 우리의 인식으로 하여금 최고의 선택지를 고르도록 이끈다. 요약하자면, 길을 막고 서 있는 것(불평형)이 길(균형/평형을 위한 노력)이 된다. 우리는 고난으로부터 회복하는 데에 재능이 있다.

넘어진 후 일어나기

회복 탄력성은 고난을 직면하고 번영하는 것이다. 그 과정을 요약하자면 다음과 같다. 우리의 마음은 미래의 가능성에 대한 생각, 전망에 따라 움직인다. 그리고 이 전망이 목적 달성을 위한 계획을 만들어 낸다. 이 계획과 기대가 장애물을 만났을 때, 우리는 재평가, 재검토, 재탐색의 시간을 갖게 된다. 바로 내비게이션처럼 말이다. 어떤 반응을 할지 결정해야 함을 인식하는 순간이다. 그 상황을 도전으로 받아들이고 적극적으로 대처하면, 우리는 신념을 가지고 앞으로 나아간다. 변화를 위해 우리가 할 수 있는 것이 존재한다. 반면 기대가 엇나가 방해를 받게 되면, 불평형은 자기 조절을 통해 균형을 불러일으킨다. 우리의 인식은 재평가를 거친 후, 어떤 행동을 할지 새로운 선택을 하게 된다.

우리는 과학적 연구를 통해 회복 탄력성 있는 사람은 역경이 닥쳤을 내 어떻게 극복하는지를 확인했나. 그런데 넘어신 그들을 일어나게 만든 건 무엇이었을까? 어떤 이들은 자연스럽게 그런 행동을 한다. 회복 탄력성 연구의 선두주자, 조지 보나노 박사는 오래전부터 우리가 생각하는 것보다 훨씬 원기 왕성하고, 훨씬 회복 탄력성 있고, 덜 취약한 사람들이 있다고 말해왔다. 그는 회복 탄력성을 '잠재적으로 매우 파괴적인 사건에 노출된 개인이 건강한 심리적, 신체적 기능과 긍정적인 감정을 유지할 수 있는 능력'이라고 정의한다. 그는 무엇이 회복 탄력성을 만드는지 깊이 이해했으나, 누가 회복 탄력성이 있을지는 예측할 수 없다고 말했다. 회복 탄력성 연구는 트라우마와 회복 탄력성 간의 연관성을 보여준다. 잠재적 외상 사건을 겪은 사람이 더 회복 탄력성이 커졌다. 하지만 이것은 개개인의 수준에서 누가 더 회복 탄력성이 높을지 이해하는 것과는 다른 문제였다. 이는 '회복 탄력성의 역설'이라고 알려져 있다. 그 결과 과학자들은 누가 더 많은 회복 탄력성을 가지게 될 것인가 보다, 누가 회복 탄력성을 가지고 있는가에 더욱 집중하게 되었다.

이는 희소식이다. 스트레스 대처 능력이 있는 사람과 그렇지 않은 사람을 나눌 수 없다는 뜻이기 때문이다. 회복 탄력성이 있는지 없는지를 가르는 특정한 성격적 특성이 없다는 뜻이다. 결국, 모든 상황과 시간에서 유리한 성격적 특성은 없다. 대신, 회복 탄력성 밑에 깔려 있는 기제는 매 순간에 충실하면서, 앞으로 나아가기 위해 최고의 선택지를 살피고 평가할 줄 아는 능력이라 할 수 있겠다. 회복 탄력성이 높은 사람들은 불평형 상태 그리고 재평가와 재검색의 순간을 이용하여 가능성과 기회를 생각해낼 줄 알고, 직접 그 새로운 가능성과 기회에 뛰어든다. 그들은 균형을 잃었을 때, 생존이 아니라 번영을 이끌어낼 준비를 한다. 보나노에 따르면, 이들은 유연한 사고방식을 통한 자기 조절을 배운 사람들이다.

어려운 시간을 겪는 동안 다음 필수 질문 네 개에 대한 대답을 심사숙고할 수 있을 때, 유연한 사고방식이 개발된다.

- 무슨 일이 일어나고 있는가?
- 내가 무엇을 해야 하는가?
- 내가 무엇을 할 수 있는가?
- 그것이 효과가 있는가?

인간의 의식 중에는 관찰하는 자아가 있기 때문에, 회복 탄력성이 있는 사람들은 위기가 닥쳤을 때 그러하듯 우리도 생각을 하기 위해 잠시 멈추는 법을 배울 수 있다. 이 멈춤의 순간에 유연한 사고가 발달한다. 현재 평가가 진행되는 곳에서 유연성이 길러진다. 만약 어떤 행동을 하기로 선택하면 그것은 다시 모니터링 되기 시작하고, 그렇지 않으면 마음은 다시 한번 여러 가지 질문을 통해 평가 과정을 되풀이한다.

유연한 사고방식을 발전시키는 법

신체적 유연성을 늘리기 위해 요가 클래스를 듣거나 스트레칭 연습을 하듯, 유연한 마음을 만들어 내는 데에도 여러 가지 방법이 있다. 자고 일어났을 때 몸이 찌뿌둥하고 스트레칭이 필요한 것 같다고 느낀 적이 있는가(안 그런 사람이 있나?)? 이런 불편함은 유연성을 통해 통증을 완화하고자 하는 필요성을 자극한다. 이때 스트레칭이 효과가 있는 걸 알게 되면 우리는 통증에 대처하기 위해서가 아니라, 통증을 예방하기 위하여 스트레칭을 규칙적인 루틴으로 삼기 시작한다.

유연한 사고방식은 맨 처음 불편함에서 초래된다. 지금은 그 불편함이 불평형이라는 것을 우리도 알고 있다. 우리는 뻐근한 상황을 마주했을 때 우리 마음을 스트레칭하고 싶어 한다. 그런 다음 통증을 피하기 위해 스트레칭하는 법을 배운다. 그렇게 유연한 상태를 유지하는 능력을 발전시킴으로써 갈등 상황에서도 회복 탄력성을 증진시킨다. 이것이 회복 탄력성 높은 사람들의 생활 방식이며, 당신도 이것을 배울 수 있다.

치약 예시로 돌아가 보자. 원래 기대에서 어긋난 일, 즉 치약이 사라진 상황은 평가와 행동을 불러일으킨다. 네 개의 질문 중 처음 두 개가 먼저 마음속에 떠오르게 된다. '무슨 일이 일어나고 있는가?' 그리고 '내가 무엇을 해야 하는가?' 연구자들은 유연성을 처음으로 사용하는 시간과 장소로서 지금 이 시작의 순간을 주목한다. 이 순간 숙고가 필요하다. 관찰하는 자아는 무슨 일이 일어나고 있는지, 그리고 어떤 대책이 있을지 알아내고 이해해야만 한다. 이때 만약 준비가 되어 있다면, 충분히 유연하다면, 우리 뇌는 기어를 바꾸고 행동에 나선다.

하지만 준비가 되어 있지 않다면? 그래서 이 첫 단계부터 유연한 사고방식을 가지지 못하고 상황을 되돌아보지 못한다면, 우리는 패배주의를 경험하게 될 것이다. 그 무엇도 결과를 바꿔놓지 못할 것이므로 어떤 노력도 소용없다고 믿게 된다는 뜻이다. 패배주의는 손해, 거절, 실패를 동반한 사건 때문에 생기기도 하지만, 어떤 목적을 향해 가는 길이 막히거나 방해를 받았을 때도 유발될 수 있다. 우리가 자신의 미래에 어떠한 영향도 끼치지 못한다고 느끼게 되면 그 절망감은 종종 패배주의적인 대처 방식을 낳는다. 우린 문제를 해결하기 위해 거부, 알코올, 약물, 자아비판, 과도한 수면, 포기를 이용한다. 아니, 정확히 말하면 해결을 하지 않기 위해 그 방법을 사용한다고 할 수 있다.

우리의 대처 능력을 발전시키기 위해, 이 첫 단계에서 패배주의를 이겨내고 잠시 멈춰 생각해야 한다. 회복 탄력성이 있는 사람은 늘 이렇게 행동한다. 그래야 패배주의적인 반응을 막을 수 있고 감정 조절을 위한 충분한 기회를 만들어 낼 수 있다. 멈춤은 그 자체로 조절이다. 상황을 판단하기 위해 멈추는 것 자체가 이미 자기 조절을 하고 있다는 뜻이다. 이렇게 멈춘 순간 우리는 부정성보다 긍정성을 품은 재 빌수 실분 네 가지에 대답을 할 수 있다.

더 이상 원래 선택했던 길, 바라던 길로 갈 수 없음을 알게 되었을 때, 우리는 새로운 해결책을 필요로 한다. 하지만 이 해결책을 발동하기까지는 잠시 시간이 필요하다. 이렇게 기어를 바꾸는 능력은 좌절에 따른 감정적, 신체적 상태를 파악하고 또 성찰할 수 있는 능력이다. 이 일을 정확하게 해낼 줄 알면 곤란한 일을 닥쳤을 때 가장 좋은, 가장 적절한 방법을 고를 수 있게 된다. 잠시 심리적 혼란을 겪었을지라도 곧바로 무슨 일이 일어나고 있는지, 그리고 어떻게 대처해야 할지 인식할 줄 아는 것이 회복 탄력성 높은 사람들의 중요한 재주이다. 그러면 부정성 편향의 영향을 덜 받은 상태에서 두 질문, '무슨 일이 일어나고 있는가?, 내가 무엇을 해야 하는가?'에 대답을 할 수 있다. 멈춤 상태는 우리가 걱정에 휩싸이지 못하게 막아준다. 그러므로 재평가, 재검토, 재탐색을 통해 더 나은 선택지를 고를 수 있게 해 준다.

회복 탄력성은 패배주의가 시작도 하지 못하게 만듦으로써 패배주의를 막는다. 멈춤을 통해 자신의 감정적, 심리적 상태를 더 높은 정확도로 판단할 수 있게 되면, 자기 조절도 더 수월해진다. 부정성을 덜 허락할수록, 긍정성의 기회는 더 커진다.

이런 생각의 멈춤은 언뜻 뻔하고 사소해 보일 수 있다. 하지만 위협 평가가 도전을 받을 때, 대안을 고려하고 새로운 선택지를 채택해야 할 때는 잠시 멈추는 시간이 필수적이다. 이 멈춤이 반응을 대응으로, 패배주의를 선택으로, 회피를 준비로 바꾸어줄 수 있다. 그런 후에야 '내가 무엇을 할 수 있는가? 그것이 효과가 있는가?'라는 질문과 함께 대안행동과 평가를 이어갈 수 있다.

지금 이 순간을 점검하는 일은 전혀 새로운 것이 아니다. 하지만 이러한 특성을 키우는 법은 큰 관심과 연구의 대상이 되었다. '기질적 마음 챙김'은 지금 이 순간 무슨 일이 일어나고 있는지 이해하고 간파하는 능력을 키워준다. 이 멈춤은 오래전부터 '자동반사적인 부정적 생각(ANTS)' 그리고 자기 조절을 하는 동안 저지를 수 있는 건강하지 못하거나 파괴적인 행동을 없애는 데에 중요한 기술로 알려져 왔다. 멈춤은 회복 탄력성의 씨앗과 같다.

탐구 어떤 순간에도 마음 챙김-알아차림 기르기

이번 탐구는 두 부분으로 나뉠 것이다. 첫 번째는 주어진 순간에 대한 의식적인 인식을 발전시켜, 잠시 생각을 멈추는 능력을 키울 것이다. 두 번째는 더 구체적으로, 바로 그 순간에 당신이 어떤 힘을 사용하고 있는지 알아차리는 법에 대해 배우게 될 것이다. 첫 번째는 잠시 멈춰 깊이 생각하는 법을 배운다면, 두 번째는 자신이 가진 힘을 파악하는 법을 배우게 될 것이다.

노트에 날짜와 시간을 적고 다음 세 단계를 꼼꼼히 읽어 보자. 시간을 내어 연습을 한 뒤 그 반응을 노트에 기록한다.

1. 무슨 일을 하고 있었든, 활동을 멈추고 호흡에 집중한다. 호흡 속도를 높이거나 낮추려고 하지 말고 그저 의식만 한다. 10초 동안

들숨과 날숨을 느낀다. 이것이 멈춤이다.

2. 내가 신체적으로나 감정적으로 어떤 느낌인지, 자기 자신에게 질문한다. 정답도 없고 오답도 없다. 당신은 어떤 일이 일어나게끔 노력하고 있지 않다. 대신 잠시 멈추고 인식을 확대시켜, 좋든 나쁘든 이미 느껴지는 것들을 알아차린다. 나는 '신이 난, 편안한, 희망적인, 창의적인, 기운 찬'이라고 썼다.

3. 지금 이 순간 당신의 경험을 알아차리는 게 어떤 의미인지 깊이 생각하라.

이런 멈춤의 가치는 지금 당신의 주의는 어느 한 곳에 쏠려있지만, 사실 잠시 멈춰서 알아차리기만 하면 새롭게 검토할 수 있는 다른 것들도 공존하고 있다는 사실을 알려준다는 점이다.

이 연습에는 몇 가지 가치 있는 특징들이 있다. 첫째, 자신의 경험과 관련시키게 함으로써 자신의 반응을 계속 지켜보게 돕는다. 두 번째, 관찰하는 자아, 상위 자아, 비국소적 자아를 키움으로써, 평소에는 생각하지 못할 다른 관점을 제공해 준다. 마지막으로, 이 멈춤은 '무슨 일이 일어나고 있는가? 내가 무엇을 해야 하는가? 내가 무엇을 할 수 있는가? 그것이 효과가 있는가'라는 본질적인 질문들에 대답할 수 있는 폭넓은 기회를 제공한다. 잠시 멈춰 이러한 질문에 대한 답을 찾다 보면 스스로 준비된 상태가 된다. 운동 프로그램, 요가 또는 명상 연습을 시작할 때와 같이, 당신은 인식을 함양하기를 원한다.

나는 당신이 무슨 일을 하고 있든 상관없이, 이런 멈춤의 순간을 하루 세 번 반복하여 스스로 확인하는 습관을 들이기를 추천한다. 이렇게 하다 보면 수시로 상황, 선택지, 가능성 및 당신이 선택한 행동의 효과 여부를 평가함으로써 회복 탄력성을 키울 수 있을 것이다.

우리는 패배주의적 태도에 맞서면서, 심사숙고를 위한 멈춤의 시간을 자기 조절의 시작 지점으로 이용할 수 있다. 또한 현재 우리가 사용할 수 있는 다른 도구가 무엇이 있는지 이해하는 시간으로 활용할 수도 있다. 우리는 상황에 대해 어떻게 반응해야 할지 답을 찾는 초기 단계에 이 '내면의 이해'를 확장시킨다. 이는 쏟아져 들어올 수 있는 부정성을 제한하는 동시에 우리가 사용할 수 있는 자원을 늘려준다.

이제 이 연습의 2부에서 우리가 사용할 수 있는 장점을 고려하여 어려운 순간에 유익하게 행동할 수 있는 능력의 향상 방법을 알아보도록 하자.

멈춤에 힘 불어넣기

대안을 가지고 쉽게 대응하는 방법을 찾기 위해서는 우선 패배주의에 반응하지 않아야 한다. 그리고 유연한 사고방식을 키우는 두 번째 방법은 장애물이나 도전을 당신의 성격 강점이라는 렌즈를 통해 바라보는 것이다. 성격 강점이란 긍정심리학 분야에 눈에 띄는 기여를 한 것으로 알려져 있으며, 우리의 웰빙에 진지한 영향을 끼칠 수 있는 비 인지적 요인들을 구분할 수 있는 방법을 제공한다. 이와 관련해서는 웹사이트 viacharacter.org에서 더 많은 정보를 얻을 수 있다.

앞서 출간한 책『Learned Hopefulness』에서, 나는 성격 강점에 대해 깊이 있게 다루었다. 지금은 간단하게 요약해 보겠다. 아래는 성격적 미덕, 그리고 그와 관련된 강점의 목록으로 철저한 조사를 통해 개발된 것이다.

1. **지혜 그리고 지식** : 창의력 또는 혁신, 호기심, 열린 마음, 학구열, 균형감
2. **용기** : 용감함, 고집, 진실성, 활력, 열정
3. **인간성** : 사랑, 친절, 사회지능
4. **정의** : 시민 정신, 공정성, 리더십
5. **절제** : 용서와 자비, 겸손, 신중함, 자제력
6. **초월성** : 아름다움과 탁월함의 이해, 감사, 희망, 유머, 정신성

이러한 미덕/강점은 빠르게 심리학의 새로운 핵심 연구 분야가 되어 가고 있다. 지금까지 200여 국가의 3천만 명 이상의 사람들이 온라인으로 성격 강점 설문 조사에 참여했다. 이 도구는 전 세계, 모든 문화에서 인정하는 미덕과 성격 강점을 바탕으로 개발한 것이기에 굉

장히 영향력이 있다. VIA 웹사이트에는 이런 간단한 설명이 적혀 있다. '대부분의 성격 테스트는 부정적이거나 중립적인 특성에 초점을 맞추지만 VIA 조사는 당신의 가장 뛰어난 자질에 집중한다.'

연구에 따르면 당신의 가장 뛰어난 자질, 즉 성격 강점에 집중하면 당신의 웰빙, 번영 능력, 관계 맺는 능력을 눈에 띄게 발전시킬 수 있다고 한다. 이는 긍정성, 자신감, 회복 탄력성을 향해 나아갈 수 있는 직접적인 방법이다. 우리가 마음껏 쓸 수 있는 성격 강점이 무엇인지 알고 있을 때 우리는 더욱 준비된 사람이 될 수 있다.

다음 강점 목록을 보자. 이 중 당신은 어떤 것을 가지고 있는가. 지금 이 글을 쓰는 이 순간, 내게는 창의력, 호기심, 학구열, 열정, 탁월함의 이해, 희망, 자제력이 있다. 당신은 이 책을 읽는 이 순간, 어떤 강점을 경험하고 있는가?

- 창의력
- 호기심
- 판단력
- 학구열
- 균형감
- 용감함
- 인내
- 정직

- 열정
- 사회지능
- 팀워크
- 공정성
- 리더십
- 용서
- 겸손
- 신중함
- 아름다움과 탁월함의 이해
- 자기 조절
- 감사
- 희망
- 유머
- 정신성

  지금 이 순간 우리가 사용하고 있는 강점들을 잘 아는 것은 우리의 생각과 감정을 계발하는 직접적인 방법이다. 아래의 방법을 통해 우리는 이 훈련을 일상적인 수준으로 확장시킬 수 있다.

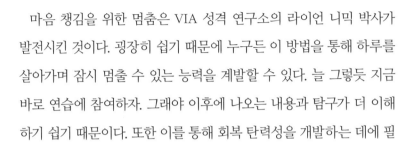
마음 챙김을 위한 멈춤은 VIA 성격 연구소의 라이언 니믹 박사가 발전시킨 것이다. 굉장히 쉽기 때문에 누구든 이 방법을 통해 하루를 살아가며 잠시 멈출 수 있는 능력을 계발할 수 있다. 늘 그렇듯 지금 바로 연습에 참여하자. 그래야 이후에 나오는 내용과 탐구가 더 이해하기 쉽기 때문이다. 또한 이를 통해 회복 탄력성을 개발하는 데에 필요한 수단도 곧바로 얻을 수 있다.

1. 노트에 날짜와 시간을 적는다. 잠시 멈추고 호흡에 주의를 기울인다. 호흡 속도를 높이거나 낮추려고 하지 말고 그저 의식만 한다. 10초 동안 들숨과 날숨을 느낀다.
2. 자신에게 집중하며 지금 신체적으로 또 감정적으로 어떤 느낌인지 느껴본다. 관찰한 것을 노트에 기록한다.
3. 24개의 성격 강점 목록을 보며 어떤 특성을 지금 당장 사용하고 있는지 확인한다.
4. 이 성격 강점을 의식하게 된 것이 당신에게 어떤 의미가 있는지 심사숙고한다.

이 간단한 탐구를 통해 당신은 잠시 멈춰서 자신의 신체적, 감정적 느낌에 집중하고, 지금 이 순간 당신이 어떤 성격 감정을 사용하고 있는지 알아낼 수 있다. 하던 일을 멈추고 나서야 우리 몸과 감정에 어떤 일이 일어나고 있는지 이해할 시간을 가질 수 있다. 그리고 그 시간 덕분에 자기 조절이 시작되고, 우리의 강점에 접근할 수 있게 된다. 이 인식의 확장은 처음엔 침착하고 느긋하게 이루어져야 하지만, 얼마 안 가 능숙하고 정기적으로 쉼과 성찰을 할 수 있게 된다. 연구에 따르면 이러한 멈춤, 마음 챙김, 강점 깨닫기는 스트레스에 대처하는 법, 웰빙을 증진시키고 관계를 개선하는 법에도 도움이 되는 도구이다.

이 멈춤의 시간은 패배주의를 막고 다른 대안을 떠올리게 함으로써 앞선 두 질문 '무슨 일이 일어나고 있는가? 내가 무엇을 해야 하는가?'에 답을 하도록 도와준다. '내가 무엇을 할 수 있는가? 그것이 효과가 있는가?'라는 질문으로 옮겨가면 우리는 판단을 넘어서 행동을 해야 한다. 우리의 생각과 역량을 테스트해 보게 되는 순간이다. 이를 위해 우리는 우리보다 앞서가던 사람들, 회복 탄력성을 지닌 사람들을 참고할 수 있다.

종종 우리는 다른 사람들의 장점을 보고는 그것을 따라서 개발하고 싶어 한다. HERO의 다른 요소들과 마찬가지로 회복 탄력성의 경우에도, 우리가 담고 싶어 하는 뛰어난 롤모델로 실제 인물을 고를 수 있다.

우리에게 어떤 특성과 능력이 있으면 다른 사람에게서도 그것이 잘 보이게 된다. 우리가 어떤 성격, 특징, 기술, 태도를 발전시키려 할 때, 이미 가지고 있는 사람들이 우리의 본보기가 되어 우리에게 필요한 것들을 정확하게 알려줄 수 있다. 소수의 롤모델에 구체적으로 집중함으로써, 자신이 어떤 사람이 되고 싶은지 더 명확히 알 수 있다.

탐구 회복 탄력성 있는 롤모델의 유연한 사고방식

더 깊이 들어가, 회복 탄력성이 있다고 생각하는 사람들을 관찰해 보자. 이 훈련을 위해서는 당신에게 좋은 영향을 끼치는 사람을 찾아야 한다. 지금까지는 일반적으로 회복 탄력성이 있는 사람에 대해 이야기했다면, 이제는 구체적인 인물을 떠올릴 때이다. 제각기 다른 사람들이 지니고 있는 각기 다른 회복 탄력성의 특성에 집중을 하다 보면, 자신도 어떤 것을 발전시킬 필요가 있는지 깨닫게 될 것이다.

이 훈련을 위해 회복 탄력성이 높다고 생각하는 사람 세 명을 골라 노트에 이름을 적는다. 당신이 특히 원하는, 필요하다고 생각하는 회복 탄력성 유형을 생각하며 선택을 한다.

예를 들어, 나는 우선 제임스를 골랐다. 자기가 하는 일 때문에 끊임없이 존경받고 공격당하기를 반복하는 선구자적인 사상가이기 때문이다. 두 번째로 미셸을 골랐다. 거듭되는 신체적 문제에도 불구하고 자신을 단련하여 세계 수준의 연구와 훈련 프로그램을 수행했기 때문이다. 마지막으로 드니즈는 놀랍도록 많은 프로젝트가 엇나가거나 철회되거나 버려져도 늘 에너지 넘치고, 생산적이고, 영향력 있는 사람이라 골랐다. 내 선택이 당신의 선택과 다를 수 있음을 잊지 말

라. 당신이 닮고 싶은 사람들의 특성을 고르는 게 중요하다. 유명한 인물이나 개인적으로 모르는 사람을 골라도 괜찮지만, 적어도 한 명은 직접적으로 아는 사람을 선택해야 한다.

맨 먼저, 이름 옆에 그 사람이 가진 세 가지 자질을 쓴다. 그 사람의 능력과 관련해 당신이 가장 주목하는 특성이나 기술을 반영하고 있어야 한다. 다음은 나의 예시이다.

제임스

1. 무슨 일이 벌어지고 있는지 완벽히 알고, 느낀 후 어떤 행동을 할지 선택한다.
2. 어떤 차질이 생겨도 화를 내지 않는다. 대신 해결책을 찾으려 한다.
3. 인정이 있고 쾌활하다. 일반적으로 낙관적이고 구체적으로는 희망에 차 있다.

미셸

1. 도전할 준비가 되어 있다. 싸움이 있어도 물러서지 않지만, 그렇다고 갈등을 일으키진 않는다.
2. 다른 사람에게 더 좋은 아이디어가 있거나 상대가 더 설득력이 있다면 상대에게 수긍할 준비가 되어 있다.
3. 운이 좋을 때 다른 사람들과 그 운을 나눈다.

드니즈

1. 지금 당장 해결해야 할 일을 처리한다.

2. 대응 방식에 융통성이 있고 관대하다.

3. 낙관적인 태도를 유지한다.

그럼 각각의 인물은 유연한 사고방식과 관련된 네 가지 질문에 어떻게 반응을 할지 알아보자.

1. **각각의 사람들은 이 두 질문에 어떻게 대답할까 : 무슨 일이 일어나고 있는가? 내가 무엇을 해야 하는가?**

   제임스 : 의견을 얻는 것을 포함하여 우선적으로 해야 할 일에 대해 철저한 분석을 한다.

   미셸 : 자신이 맨 먼저 떠올린 생각에 대해 피드백을 요청한다.

   드니즈 : 스스로 다량의 정보를 수집한다. 그리고 피드백을 요청한다.

2. **각각은 그다음 질문에 어떻게 대답할까 : 내가 무엇을 할 수 있는가?**

   제임스 : 자신이 선택한 길에 대해 찬반 의견을 구한다. 이타적으로 다른 사람을 위해서도 이렇게 해 준다.

   미셸 : 깊은 고민을 거쳐 자신의 의견을 확립한 후, 다른 사람과 의견을 나눈다. 상대가 물어오면 기꺼이 자신의 의견을 말할 것이다.

드니즈 : 현재 또는 미래 상황에 대한 정보를 수집하는 것처럼, 그 행동에 대한 다른 사람의 요구와 근거에 귀를 기울인다. 다른 이들이 하는 말을 명확히 이해하기 위해 질문을 던진다.

3. **각각은 어떤 식으로 마지막 질문을 모니터링 할까? : 그것이 효과가 있는가?**

제임스 : 기꺼이 자신이 선택한 길에 가 보고 테스트를 한다. 효과가 없으면 선택을 바꾼다.

미셸 : 자신이 선택한 방법이 효과를 보이면 다른 영역으로도 그 방법을 확대하고, 다른 사람들도 사용할 수 있게 방법을 나눈다. 효과가 있다는 걸 아는 순간 이 과정은 매우 빠르게 진행된다.

드니즈 : 희망에 차서 성공을 기다린다. 실패가 닥쳐도 무시하지 않는다.

이제 세 사람 모두에게서 공통적으로 발견한 점 세 가지를 노트에 적어보자. 이는 당신이 개발하고 싶어 하는 유연한 사고방식의 특징이 될 것이다.

아래의 목록은 회복 탄력성을 위한 유연한 사고방식을 키우는 데 필수적인 것들로, 세 사람에게서 내가 찾아낸 것들이다. 여러분도 직접 정리한 내용에 따라 목록을 만들어 보자.

1. 모두 좌절에 직면했을 때 주변 조사에 많은 투자를 한다.

2. 원하는 결과를 얻기 위해 집중하고, 긍정적인 태도를 유지하며, 유능감을 느낀다.

3. 지속적인 모니터링 능력을 보여주면서, 더 나은 길이 나타나면 원래 길을 기꺼이 포기한다.

마지막으로, 아래와 같은 도표를 만들어 유연한 사고방식과 회복 탄력성을 위해서는 무엇이 필요한지, 회복 탄력성이 부족했을 때는 어떤 감정을 느끼게 되는지 정리해 보자.

회복탄력성과 유연한 사고방식	회복 탄력성의 부족
여러 가지 선택지를 생각해내기 위해서는 준비와 분석이 필수다. 차질이 생겼을 때 그들은 어떤 선택지가 앞으로 나아가는 데 도움을 줄 것인지에 집중한다.	도전에 맞섰을 때 쉽게 포기한다. 대안을 생각해내지 못한다. 패배주의적 태도에 사로잡혀 있다.
긍정적인 태도로 미래에 집중한다. 일이 벌어지게 두는 것이 아니라 직접 일을 벌인다.	그 순간의 고통과 어려움에 압도당해 아무런 행동도 하지 못한다.
상황이 변화면 기꺼이 생각도 바꿀 준비가 되어있다.	이미 선택한 해결책에는 융통성을 보이지 않는다. 변화에 마음이 열려있지 않다.

비교를 하며 무엇을 발견했는가? 나는 준비와 대비가 눈에 띄었다.

롤모델들은 잠시 멈춰서, 다음 단계를 깊이 생각했고, 책임감을 가지고 다음 단계로 나아갔다. 그렇다고 자신의 계획에 집착해 고집을 피울 만큼 완고하지는 않았다. 새로운 대안이 나타나면 선뜻 그 방법을 채택했다. 이를 통해 나는 절망과 패배주의를 멀찌감치 밀어두고, 결의를 다진 다음, 최선의 선택지를 찾을 필요가 있겠다고 깨닫게 되었다.

당신의 비교는 어떤 결과를 내놓았는가? 그 대답이 무엇이든, 이제 당신은 유연한 사고방식을 바탕으로 한 해결 루틴을 가지게 되었을 것이다. 자고 일어났을 때 스트레칭을 하거나 요가를 하는 것과 마찬가지로, 이 역시 마음을 유연하고 민첩하게 유지하도록 도와주는 준비 과정이 된다.

유연성을 계발하기 위한 핵심은 실행 가능한 선택지를 찾는 것이다. 나는 종종 바위 위로 흐르는 개울의 이미지를 생각한다. 개울물은 장애물을 만나도 방해를 받지 않는다, 그저 바위를 돌아서 갈 뿐이다.

나는 35년 이상 치료사들을 훈련시키고 지도해 왔다. 나는 상담사나 학생들에게 이렇게 가르친다. 치료 중 정체된 순간이 왔을 때 앞으로 나아갈 방법을 단 한 가지가 아니라 세 가지 떠올리라고 말이다. 이를 통해 어려운 순간에도 유연성을 가지고 선택지를 발견할 수 있다.

인생을 살아가다 문제를 맞닥뜨린 당신에게도 똑같은 내용을 추천하고 싶다. 잠시 멈춰서 생각을 하고, 이 상황에서 발휘할 수 있는 당신의 강점이 무엇인지 정한 후, 앞으로 나아가기 위한 몇 가지 선택지를 생각하고, 그중 하나를 선택하는 것이다. 이러한 과정은 당신을 회복 탄력성 있는 사람으로 만들어줄 뿐만 아니라 앞날을 위한 유연성도 길러준다. 조셉 캠벨은 이렇게 말한다. '우리를 기다리고 있는 삶을 살기 위해서는 우리가 계획했던 삶을 기꺼이 놓아주어야만 한다.'

다음 챕터는 HERO 중 마지막 낙관주의이다. 낙관주의자들은 어떻게 해서 미래의 자기 자신으로부터 긍정적인 감정을 느끼는 것인지에 대해 알아보도록 하자.

낙관주의 : 과거와 미래를
균형 있게 바라보라

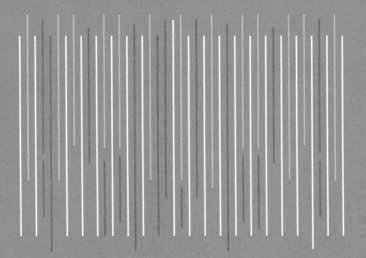

헛간이 불에 타 무너지니 이제야 달이 보이는구나.

— 미즈타 마사히데 (17세기 일본의 시인이자 사무라이)

앞으로 일어날 일 때문에 흥분했던 때를 생각해 보자. 휴가, 생일 파티, 공연 관람, 친구의 방문처럼 크게 기대되는 일이 있을 것이다. 기대감이라는 긍정적인 감정을 느끼다 보면, 당신은 쉽게 미래를 상상하며 그 경험이 어떨지 꿈꾸게 된다. 당신은 지금 여기에 있지만, 앞으로 펼쳐질 상황에 몰두하다 보면 어느새 당신은 기대감에 휩싸이게 된다. 미래를 어떻게 생각하느냐에 따라 현재의 경험도 달라진다는 걸 보여준다.

승려 틱낫한이 말한 것처럼 '미래를 돌보는 최선의 방법은 지금 이 순간을 돌보는 것이다.' 당신의 현재 마음 상태는 당신에게 그림자를 드리울 수도, 앞길을 밝힐 수도 있다. 낙관적인 마음 상태에서는, 우리가 가지는 긍정적인 비전과 우리가 느끼는 감정이 일치한다. 앞으로 일어날 일에 좋은 감정을 가지는 것은 낙관주의의 영역이다. 좋은 일이 일어날 것이라는 기대감이다.

낙관주의는 매우 흥미롭다. 왜냐하면 긍정적인 예측은 더 나은 결과와 연관되어 있기 때문이다. 이는 신체적 건강, 심장 질환, 일/삶의 만족감, 대학 학점 등 수많은 분야에서 실제로 증명되었다. 그 반대의 경우도 역시나 마찬가지다. 비관주의, 즉 미래에 대해 부정적으로 느끼려는 성향은 불리한 결과를 예측한다. 그 증거는 낙관주의만큼이나 확실하며, 부정적인 생각은 우리의 웰빙에 해를 끼친다. 낙관론자와 비관론자의 현실은 시인 앨런 긴즈버그의 말로 요약될 수 있다. '하루 종일 하는 생각이 바로 당신이 된다.'

우리 내면의 HERO, 희망, 유능감, 회복 탄력성, 낙관주의는 긍정성과 가능성의 원천이다. 이 챕터에서는 심리적 자본의 마지막 요소인 낙관주의에 대해 알아보겠다. 각각의 심리적 자본이 긍정 효과에 제각기 어떤 기여를 하는지, 그리고 어느 부분에서 서로 겹치는지 더 명확한 시각을 가지게 될 것이다. 긍정 효과란 우리가 부정성을 제한할 때, 동시에 다양한 방법을 이용해 긍정적인 감정과 새로운 선택지를 만들어 낼 때 작동하기 때문이다.

우리가 끊임없이 부정적인 것을 하향조절하고, 긍정적인 것을 상향조절하면, 우리의 관점은 더 밝은 미래를 예측할 것이며, 그것이 우리의 현실에 영향을 줄 가능성도 높아진다. 우리의 관점이 부정적이기보다는 더 긍정적인 미래를 예견할 때 우리는 낙관주의자가 된다. 우리가 세상을 바라보는 렌즈가 어둡지 않으면 더 나은 미래를 볼 수 있다.

희망과 낙관주의가 어떻게 혼동되고 또 결합되는지 자세히 살펴보자. 희망은 통제된 관점이며 이 관점 안에서 우리는 미래를 변화시킬 수 있다고 믿게 된다. 희망과 희망찬 상태는 우리의 주체 의식, 어떤 일이 일어나도록 만드는 건 바로 우리라는 믿음을 강조한다. 우리가 이 믿음을 발동시키면, 상황이나 상태에 대한 부정적이고 불확실한 믿음이 가망 없는 것에서 희망적인 것으로 변동된다. 앞서 말했듯우리 앞에 나타나는 거름(부정성과 불확실성)은 성장을 위한 질소(희망)를 가져다주며, 그 결과 우리는 번영해 나간다. 희망은 낙관주의와는 다르다. 희망은 구체적으로 우리가 하는 일이 미래에 영향을 끼칠수 있다는 믿음과 관련이 있기 때문이다.

낙관주의는 모든 일이 다 잘 될 거라는 일반적인 기대이다. 우리 행동으로 어떤 일을 일으킬 수 있을 거라는 믿음과는 다르다. 둘의 차이가 크지 않은 것처럼 보일 수도 있다. 매일 우리가 희망과 낙관주의를구분 없이 사용하는 바람에 무뎌진 탓도 있다. 하지만 둘은 분명히 같지 않다. 투지와 인내를 연구하는 안젤라 더크워스는 이렇게 말한다. "내일은 더 나을 거라는 느낌이 든다'와 '더 나은 내일을 만들도록 결심했다'는 다르다.' 앞엣것이 낙관주의라면 뒤는 희망이다.

'당신이 믿는 것이 당신이 성취하는 것이다'라는 말은 HERO의 모든 측면을 관통한다. 우리는 HERO 각각의 관점을 계발하기 위해서특정한 개입을 하게 된다. 이를테면 당신의 관심을 긍정적인 쪽으로옮기거나, 그러기 위해서 본래의 믿음을 변형시킨다. 부정성에 초점을맞추면, 미래에 대한 결정을 내리는 선택을 제한하게 된다. 긍정적인것에 초점을 맞추면 무엇이 가능한지 알아차리고 긍정적인 감정을 느끼는 쪽으로 균형이 기운다. 그 결과 나온 것이 당신이 어디에 집중하느냐에 따라 달라진 통제된 관점이다.

긍정 효과는 부정적이고 불확실한 것에 대한 반추를 줄여준다. 동시에 감정적으로 충만하게 만드는 것들을 늘려주고, 창의적인 가능성을 증가시킨다. 어려움은 도전이 되고, 위기는 기회를 낳는다. 당신은 새롭게 찾아낸 선택지들을 가지고 각각의 어려움을 향해 나아갈 수 있다. 우리가 지금까지 탐구한 HERO의 측면들은 제각기 다른 방법을 통해 어려움을 쉽게 극복하도록 돕는다.

- 희망은 스스로 미래에 구체적인 변화를 일으킬 수 있다고 믿을 때 생겨난다.
- 유능감은 성공적인 변화의 경험을 쌓아주며, 이를 이용해 자신감의 증진을 가져올 수 있다.
- 회복 탄력성은 문제점을 정확하게 평가하기 위해 유연한 사고방식을 이용한다. 그리고 문제 해결을 위해 더 넓은 범위의 긍정적인 선택지를 제공한다.
- 낙관주의는 좋은 일이 생길 거라는 기대를 쌓는다.

실제로 이 모든 것들이 작동하는 법을 이해하기 위해서는, 당신의 하루가 어떻게 펼쳐지는지를 생각해야 한다. 당신은 하루 종일 끝없는 선택, 도전, 풀어야 할 문제를 만나게 된다. 당신은 하루 종일 귀찮은 수고를 덜어주는 습관과 문제를 극복하기 위한 자발적인 해결법에 의지한다.

알람 소리에 눈을 뜬 후, 당신은 수많은 반복으로 자연스러워진 일련의 동작들, 하루를 시작하는 아침 습관에 돌입한다. 커피나 차를 마시고, 샤워를 하고, 휴대전화의 메시지를 확인하고, 옷장에서 옷을 고른다. 하지만 각각의 습관은 예상과 달리 틀어질 수 있다. 커피가 떨어질 수도, 샤워 물이 데워지지 않을 수도, 휴대전화가 충전되지 않을 수도, 세탁소에서 입을 옷을 찾아오지 않았을 수도 있다.

기대와 결과는 당신이 하루를 살아가며 따라가는 가이드 레일이다. 당신은 시작하고, 멈추고, 적응하고, 다시 앞으로 나아가기 위해 할 수 있는 걸 한다. 당신은 위험 평가 기계이며, 그 어느 때라도 두 손을 번쩍 들고 포기할 수 있다. 하지만 동시에 당신은 엄청난 자제력, 자신감, 용기, 확실성을 키워나갈 수도 있다. 바로 희망, 유능감, 회복 탄력성, 낙관주의의 결과로 말이다.

이 챕터에서는 낙관주의가 우리에게 무엇을 가져다줄지 알아볼 것이다. 그러다 보면 이러한 심리적 자본은 목표를 수반하며 그 목표는 결과를 낳는다는 것을 알게 될 것이다. 이 네 가지 심리적 자본의 구성 요소들은 마구잡이가 아니다. 잠시 기분을 좋게 만드는 단기 훈련이 아니다. 이것들은 지속가능한 웰빙에 다가가기 위한 방법이다. 각각의 목표는 우리에게 꼭 필요한 자원이고, 이는 행동에 의해 촉진된다. 그리고 각각의 목표는 네 가지 동사, 선택하다, 이용하다, 계발하다, 전환시키다와 함께 짝을 이룬다. 심리적 자본을 키우기 위해서는 노력이 필요하다.

낙관주의의 장기적 영향

희망, 유능감, 회복 탄력성을 키우기 위한 구체적인 개입 방법을 알아보았듯이, 이제는 낙관적인 태도를 키우기 위한 긍정적인 개입에 대해 알아볼 예정이다. 앞으로 배우게 될 개입을 통해 낙관주의에 어떤 힘이 있는지 살펴보자.

낙관주의는 장수의 중요한 지표 중 하나가 될 수 있다. 사람들을 우울에 빠지지 않게 하고 면역 체계를 더 강화시켜주기 때문이다. 한 연구에서 낙관주의는 기대 수명을 4년 늘려준다고 예측했다. 40년 후 다른 연구에서도 같은 결과가 나왔다. 낙관주의는 매우 실용적이다. 회복 탄력성, 신체적 정신적 웰빙, 긍정적 노화(나이가 들어서도 웰빙할 수 있게 기능적 능력을 개발하고 유지하는 과정)를 향상시키는 데 광범위한 영향을 끼치기 때문이다. 낙관적인 마음가짐은 문제를 극복하기 위한 전략 수립에 도움을 주기 때문에 매우 다양한 요인들에 폭넓은 영향력을 끼친다고 할 수 있다.

당신의 청소년기가 성인의 생활에 어떤 영향을 끼쳤는지 돌이켜 보자. 늘 두려움을 느끼며 생활했다면 이는 당신의 선택지를 제한했을 가능성이 높다. 낙관주의적 사고와 긍정성을 지니고 있었다면, 대처 자원을 늘리고 쌓는 데에 도움을 주어 결국 목표에 도달하기 위해 더 많은 노력과 헌신을 하도록 이끌었을 것이다. 긍정적으로 혹은 부정적으로 생각하는 능력이 일찍부터 발달하기 때문이다.

성인들은 집중해서 무언가를 열심히 하지 않는 '동떨어진, 단절된' 10대에 불만을 가지는 경향이 있다. 미래에 대해 부정적인 기대를 가지고 있는 청소년의 경우, 어려움이 생겼어도 극복하려 하지 않고 문제와 동떨어져 있으려는 마음이 점점 축적된다. 사실 성인의 경우에도 불가능해 보이는 문제에는 발을 담그고 싶지 않은 게 사실이다. 전 연령에 걸쳐 우울증이 증가하고 있기는 하지만, 특히나 청소년의 우울증 증가 추세는 걱정스러운 정도이다. 이는 자살의 경우도 마찬가지다.

이 책은 성인인 당신을 위한 것이지만, 어렸을 때 건강한 사고 습관을 키우도록 격려를 받았다고 상상해 보라. 이는 골고루 잘 먹기의 장점을 배우는 것과 다르지 않다. 정서적 영양분의 인식 역시 음식의 영양분을 이해하는 것만큼이나 중요하다.

부정적인 생각이 더 오래 뿌리를 내릴수록, 그것을 다시 없애는 데에는 더 많은 노력이 필요하다. 여러분이 이 책을 통해 배운 것을 10~19세와 공유하라고 권장하는 이유도 이 때문이다. 최근 연구에 따르면 청소년 시기 긍정적인 기대, 긍정적인 감정의 경험은 1년 후까지 그들의 회복 탄력성에 도움을 준다. 뿐만 아니라 남들보다 회복 탄력성이 높은 사람들은 이후 몇 년 후까지 잘 지낼 수 있다.

청소년을 포함해 우리 모두, 더 나은 미래를 경험하려면 상상하는 법을 배워야 한다. 윌리엄 제임스는 이렇게 말했다. '살 가치가 있는 인생이라고 믿어라, 그러면 당신의 믿음이 그걸 사실로 만들도록 도와줄 것이다.'

낙관주의로 가는 길을 상상하며

미래에 당신은 어떤 사람이 되어있을 것 같은가? 연구에 따르면 개인적, 관계적, 직업적으로 원하는 상태에 도달한 미래의 자신을 상상하는 것에 굉장한 긍정적 효과가 있다고 한다. 그 상상은 긍정적인 애착과 긍정적인 기대를 증가시킨다. 게다가 긍정적인 기대는 우울과 불안을 낮추고, 고통과 부정성을 감소시키며, 신체 증상을 줄여주고, 자부심과 긍정적 감정을 고취하며, 신체적 정서적 건강을 증진시키고, 절망을 줄여주고, 웰빙, 특히 낙관주의를 키워준다는 구체적인 연구 결과도 있다. 더불어 여기에는 상담가나 코치도 필요하지 않다. 다음 훈련의 효과는 아무리 거듭해도 똑같이 긍정적이다. 다음 지시를 읽고 따르면 내 상담실에 직접 방문하는 것과 같은 효과를 얻을 것이다.

지금까지 낙관주의를 북돋기 위한 수많은 심리학적 개입이 고안되었지만, 이 방법이 가장 뛰어나다. '가능한 최고의 자신(Best Possible

Self/BPS)'은 미래에 가능한 최고의 삶을 상상하는 과정이 포함된다. 이런 판타지의 시각화는 시시한 롤프레잉으로 보일 수 있다. 하지만 행복하게 잘살고 있는 미래의 자신을 상상하는 연습을 5분만 해도 긍정성과 낙관주의를 지속적으로 북돋을 수 있다.

2001년 로라 킹이 처음 BPS를 개발했을 때만 해도, 언짢거나 부정적인 주제로 글을 쓰는 것이 정신적, 신체적 웰빙에 도움이 된다고 알려져 있었다. 하지만 긍정적인 경험에 대한 글쓰기 탐구에 인식 변화가 일어나면서, 킹은 다른 글쓰기 연구가 제임스 페니베이커와 함께 BPS를 개발했다. 이 개입 방법은 긍정적인 감정을 상향 조절하는 데에 사용되었고, 개인의 트라우마에 대해 글을 쓰는 폭로적 기법과는 비교가 되는 방법이었다.

BPS 개입은 트라우마에 대한 글쓰기와 똑같은 수준으로 건강에 이로웠다. 게다가 트라우마 극복을 위해 그 트라우마를 다시 경험하고 반복하는 과정을 겪지 않아도 된다는 장점이 있었다. 정신적 외상 사건에 대한 글쓰기만큼 혼란스럽지 않으면서 긍정적인 기분과 웰빙은 눈에 띄게 커졌다. 이는 여러 연구를 통해 잘 정립된 결과이다.

이제 당신은 더 쉽고 이로운 과정을 통해 똑같은 (어떤 경우엔 더 나은) 결과를 얻을 수 있게 되었다. BPS 실험은 수많은 부정적 감정을 자극하지 않으면서도 그만큼 효과 있고, 긍정적이며, 의미 있는 훈련법을 알려준다 부정성을 애써 다루는 대신 긍정적인 감정을 활성화시키고 긍정적인 개입을 하는 쪽으로의 전환을 시키는 것이 여러모로 긍정 효과의 핵심인 것 같다. 긍정적인 감정을 늘리는 데에 집중함으로써, 자연스레 부정적인 감정을 줄일 수 있게 된다.

다음 훈련은 마음 상태와 상관없이 언제라도 할 수 있다. BPS 같은 긍정적인 개입이 효과를 내는 것과 지금 당신의 기분은 아무 관련이 없다. BPS 훈련을 하기 전 참가자의 기분을 조사해 보았더니, 기분이 좋든 나쁘든, 비관주의적 태도이든 낙관주의적 태도이든 상관이 없는 것으로 밝혀졌다. BPS 훈련에 참여하는 것만으로 당장, 그리고 지속적으로 효과가 있었다.

BPS의 효과는 다양한 연구에 의해 거듭 확인이 되고 있다. 상상력, 글쓰기, 말하기 등 어떤 방법으로도 개입은 효과적이었다. 덧붙여 BPS의 반복은 그 효과를 더욱 높일 수 있다.

탐구 가능한 최고의 자신으로 미래를 음미하기

이 훈련에서 당신은 삶의 모든 분야에 대해 생각을 하고, 그 모든 것들이 최대한 잘 풀렸다고 상상할 것이다. 직업, 관계, 취미, 학업, 건강, 재정 상태, 자기 삶에 대한 인정, 만족 모두가 깊은 감사의 마음을 불러일으킬 정도로 잘 진행되고 있다고 상상하자.

현재 당신의 삶이 원하던 삶과 동떨어졌다고 느낀다면, 가능한 최고의 미래를 그리기 위해 스스로 마음을 다독일 필요가 있을 것이다. 하지만 그 어떤 평가도 들어가면 안 된다. 그리고 당신이 어떤 상황이 일어나기를 바라는지 원하는 것을 자세하게 강조한다. 더 구체적이고 창의적일수록 더 좋다. 만약 당신의 BPS가 최고급 차를 몰고 있다면 그 차의 브랜드, 모델, 연식, 색깔까지 상상한다. 어마어마한 인간관계를 떠올린다면, 관계를 맺고 있는 사람의 이름과 성격까지 기록한다. 자세할수록 도움이 된다.

이 훈련을 하기 위해서는 먼저 노트를 준비해야 한다. 그리고 지금 바로 훈련을 시작하자. 그래야 BPS가 어떻게 작동하는지 정확히 이해할 수 있을 것이다.

이 훈련법을 시작할 때 가장 좋은 방법은 현재 자신의 모습을 판단이 섞여 있지 않은 시선으로 바라보고, 현재 자신의 위치를 그대로 받아들이는 것이다. 앞서 언급했듯이 우리는 개인, 관계, 직업 분야에서의 바람직한 미래의 자신의 모습에 초점을 맞출 예정이다.

BPS에 접근하기 위해서는 다음 네 가지 단계를 거쳐야 한다.

1. 얼마나 먼 미래의 모습을 상상할지 정해야 한다. 3년? 5년? 10년? 기간을 정한 뒤 그때 당신의 가능한 최고의 자신이 어떤 모습일지 생각한다. 이 미래를 각기 개인, 관계, 직업 렌즈로 바라보았을 때 어떨지 구분해서 생각한다. 더욱 중요한 것은 이런 식으로 사는 것이 어떤 느낌일지 느끼기 시작해야 한다는 것이다. 잠시 시간을 들여 이 상상을 꾸며내고 충분히 즐긴다. 어떤 느낌이 들지, 어떤 사람이 존재하고 있을지, 당신은 무엇을 하고 있을지에 집중하자.

2. 이걸 노트에 적고 마음속에 떠오르는 디테일을 추가한다. 긍정적인 특징들에 집중해서 그것들을 더 많이 기록할수록 더 효과가 좋다는 연구가 있다. 한 페이지에 개인적 측면을 기록했다면, 다음 페이지에 관계적 측면, 또 다음 페이지에 직업적 측면을 쓴다.

3. 글을 쓴 후 맞은편 자리에 빈 의자를 하나 둔다. 미래의 BPS가 그 의자에 앉아있다고 상상한다. 어떤 기분이 드는지 느껴본다. 이제 BPS 자리에 앉아 그 역할을 맡는다. 당신이 쓴 상상의 글을 큰 소리로 읽는다. '나는 너의 가능한 최고의 자신이야. 그리고...'라고 문장을 시작한다.

4. 나중에 들을 수 있게 녹음을 해야 하니 휴대전화의 녹음 앱을 사용해도 좋다. 우선 BPS에게 묻고 싶은 질문을 적는다. 무엇이든 좋다. '네가 있는 그곳에서는 기분이 어때? 어떻게 그리 많은 걸 이뤘어? 나에게 해 줄 조언이 있니?' 등 원하는 건 다 묻는다.
준비되면 녹음 앱을 켜고 질문을 한다. 그럼 자리를 바꿔 앉아 BPS가 되어 대답한다. BPS의 대답에 놀랄 수도 있다. BPS의 대답을 다시 기억하는 데에 녹음기가 도움이 될 것이다. 자연스럽게 질문과 대화를 주고받은 뒤, 잠시 시간을 가지며 당신의 BPS를 파악한다.

원하는 만큼 자리를 바꿔 앉으며 대화를 한 후, 마지막은 지금의 당신 자리에서 끝내도록 한다. BPS에게 감사 인사를 하고 어떤 경험이 었었는지 노트에 기록한다. 대답을 다시 떠올리는 데에 어려움이 있으면 녹음된 목소리를 들어본다. 이런 식으로 상대를 만나는 것의 목적은 당신이 믿고 있는 자기 자신의 일부에 다가가기 위함이다. 이 과정을 기록해 놓으면 그 과정을 통해 얻은 통찰력을 기억하고 사용할 수 있다.

윌리엄 제임스는 이 훈련의 핵심이 BPS를 만나 즐기는 데에 있다고 했다. '심리학에는 법칙이 있다. 당신이 되고 싶어 하는 모습을 마음속에 그리고, 그 그림을 충분히 오랫동안 품고 있으면, 언젠가 정확히 당신이 생각해 오던 그 모습이 되어있을 것이다.'

이제 비관주의의 부정적인 감정이 당신의 마음에 스며들지 못하게 뿌리 뽑는 방법을 알아보자. 그래야 당신은 올바른 낙관주의의 균형을 찾을 수 있을 것이다.

설명하는 방식

낙관주의와 비관주의는 서로 반대되는 방식이다. 흥미롭게도 과학지들은 당신이 어떤 사건에 대해 설명하는 방식을 통해 당신이 낙관주의자인지 비관주의자인지를 구분할 수 있다고 한다. 당신은 살면서 겪은 긍정적인 사건이나 부정적인 사건을 어떻게 설명하는가? 살다 보면 당연히 모든 경우를 겪게 되지만 당신의 설명 방식이 같은 사건을 장밋빛으로 볼 수도, 음울하게 볼 수도 있다.

낙관주의자와 비관주의자의 설명 방식은 세 가지 측면에서 서로 다르다. 바로 한 상황을 영구적, 확산적, 개인적으로 바라보는 정도에서 큰 차이가 있다. 여기 낙관주의자가 바라본, 또 비관주의자가 바라본 세 가지 측면을 정리해 보았다.

관점	좋은 상황	나쁜 상황
비관주의자	일시적 (그 사건의 원인을 오래 가지 못할 것이라 본다.) 고립된 (그 상황의 원인은 그 사건에만 적용된다.) 외부적 (그 사건의 원인은 다른 사람 또는 상황 그 자체의 결과이다.)	영구적 (나쁜 일이 일어났을 때의 감정이 영원히 이어질 것이다.) 확산적 (사건은 삶의 모든 영역에 영향을 끼칠 것이다.) 개인적 (모든 게 나 때문이다.)
낙관주의자	영구적 (좋은 일이 일어났을 때의 감정이 영원히 이어질 것이다.) 확산적 (사건은 삶의 모든 영역에 영향을 끼칠 것이다.) 개인적 (모든 게 내 덕분이다.)	일시적 (그 사건의 원인을 오래 가지 못할 것이라 본다.) 고립된 (그 상황의 원인은 그 사건에만 적용된다.) 외부적 (그 사건의 원인은 다른 사람 또는 상황 그 자체의 결과이다.)

낙관주의자는 좋은 것을 과장하고 나쁜 것은 축소한다. 비관주의자는 정확히 그 반대다. 물론 사람은 상황을 있는 그대로 받아들이고 그에 맞게 해결하는 현실주의자가 될 수 있다. 그러나 어쨌든 이러한 관점은 서로 다른 인식과 설명을 낳고, 이는 당신의 성격적 특성을 드

러내게 된다. '이것이 바로 나 자신이다'라는 감각은 당신에게 어떤 일이 어떻게, 왜 일어났는지 설명하는 과정에서 결정된다. 당신이 자신을 어떻게 믿느냐에 따라, 그것은 당신의 정체성이 되고 세상을 바라보는 관점이 된다. 과거 당신이 겪은 일에 대한 해석이 미래의 당신이 기대하는 모습이 된다. 당신의 설명은 당신의 기대가 된다.

도표에서 볼 수 있듯, 낙관주의는 균형을 이루지 못했을 때는 극단적인 상태가 될 수 있다. 부정적인 생각, 비관주의, 위기대응, 공포 모두 각자 맡은 역할이 있고 가치가 있다. 이런 것들은 그 자체로서는 문제가 되지 않지만 남용되었을 때 문제가 생기는 것이기 때문이다. 생존을 위해서는 이것들이 꼭 필요하다. 걱정의 경우만 봐도 그렇다. (다들 정답은 정해져 있지만) '고용주의 돈을 훔칠 것인가? 바람을 피울 것인가? 세금 내역을 속일 것인가?' 같은 문제를 고민할 때 걱정이라는 감정은 너무나 중요하다.

우리는 반드시 행동의 결과를 걱정해야 한다. 긍정성이 중요하다는 연구가 아무리 많다 한들, 긍정 효과가 부정적 사고를 송두리째 대체할 수는 없다. 둘은 균형을 맞춰야 한다. 우리는 부정적인 생각, 위기대응, 공포, 비관주의를 완전히 제거할 수 없다. 그것들은 모두 제때, 정량 사용했을 경우 어마어마한 가치를 지닌다. 어떤 직업의 경우 (예를 들면 변호사) 비관주의는 특히나 중요하게 평가받는다.

변호사에게서 균형 잡힌 비관주의 배우기

변호사는 직업 전체적으로 보면 비관주의자들이다. 이는 굉장한 장점이 될 수 있다. 왜냐하면 무엇이 잘못될 수 있을지 미리 걱정하고, 의뢰인이 미리 준비할 수 있게 도와야 하기 때문에 걱정은 그들이 하는 일의 본질이라고 할 수 있다. 비관주의와 위기대응은 다른 직업에는 크게 필요 없을지 모르지만 변호사에게는 꼭 필요하다.

변호사들이라고 모두 자기 삶에 어려움을 겪는 것은 아니다. 잘 사는 사람들도 있다. 다만 삶의 다른 분야에서 이 비관주의적 관점을 잘 다뤄내지 못하는 사람들은 위기를 겪을 수 있다. 걱정하고, 위기대응을 생각하고, 일이 잘되지 않을 거라고 예측하는 것이 그들이 하는 일이기 때문이다. 처음부터 이런 방식을 가진 사람들이 로스쿨을 선택한다는 증거도 있다. 오랜 교육과 훈련 때문에 우울에 빠지거나 자기조절에 실패하거나 고지식한 사람이 되기 쉽다. 보통 사람들에 비해 변호사에게서 문제가 되는 수준의 음주와 우울증이 높게 나타난다. 약물과 알코올 남용이 로스쿨에서부터 시작되는 경우도 있다.

나는 법정 변호사 컨설턴트, 법률 회사 및 기관의 정신 건강 고문, 권위 있는 로스쿨의 복지 관련 업무를 맡은 경험이 있었다. 나는 변호사들이 하는 일에 어마어마하게 감탄했으며 내가 직접 관찰한 독특한 심리학적 특징에 많이 놀라기도 했다. 그리고 이 독특한 특징 때문에 그들이 이런 직업을 선택한 듯싶었다.

우리는 변호사에 대해 연구하면서 웰빙을 기대하는 힘에 대해 배우게 되었고, 이것이 여러분에게 도움이 될 거라 믿는다. 비관적인 변호사들이 가장 큰 피해를 입을 때는, 어떤 일이 일어날 거라는 구체적인 기대를 했는데 결국 그 일이 일어나지 않았을 때 정도이다. 하지만 단순한 기대에 그치지 않고 간절하게 바라고, 약속하고, 확신했던 미래가 실현되지 않으면 그 고통은 엄청나다. 배신의 경험은 강력하다. 예를 들어, 이런 연구가 있다. 파트너 변호사가 되기를 원하는 변호사들은 파트너가 되는 것을 기정사실로 잘못 믿고 있을 때 가장 큰 고통을 느꼈다. 반면 파트너십이 결코 일어나지 않을 거라고 생각하던 비관주의적 변호사들은 근본적으로 상처를 받지 않는다.

큰 기대감 없이 포부만 가지고 있는 변호사가 있다고 생각해 보자. 그 변호사의 희망이 실현되지 않았다 해도 그의 우울 증상에 딱히 눈에 띄는 영향을 주지 않는다. 하지만 '변호사들이 생각하는 수많은 '가능한 자신들' 중에서, '될 법한' 미래의 내 모습에 실패하는 것이 '되고 싶은' 미래의 내 모습에 실패하는 것보다 훨씬 고통스럽다.'

이 말은 놓친 '확률'이 놓친 '가능성'보다 훨씬 더 상처가 된다는 뜻이다. 손에 잡힐 것 같던 기대감을 놓치는 것은 단순히 바라던 결과가 성취되지 않았을 때와는 또 다른 영향을 주게 된다.

낙관주의로 더 행복하게 잘 늙는 법

2009년 노벨생리의학상은 '염색체는 말단소체와 그것을 만드는 효소에 의해 어떻게 보호받는가'를 연구한 엘리자베스 H. 블랙번, 캐럴 W. 그라이더, 잭 W. 쇼스택에게 공동으로 돌아갔다. 이 이례적인 연구로 우리 몸의 모든 세포가 어떻게 당신의 생각에 귀를 기울이는지, 그리고 이것이 일생 동안 어떻게 지속적인 영향을 주는 것인지 밝혀졌다. 낙관주의가 신체에 어떤 영향을 끼치는지 자세히 들여다보자.

나이 드는 것은 피할 수 없지만 어떻게 나이 들지는 우리가 통제할 수 있다. 오랫동안 건강하고 성공적으로 살아온 사람들은 긍정 효과에 대해, 정신적, 신체적 번영의 요건에 대해 가르쳐줄 수 있다. 희망, 유능감(자기효능감), 회복 탄력성, 낙관주의가 삶에 대한 만족과 장수를 부르는 요인들이라는 연구가 있다. 우리의 번영과 번창을 결정하는 것은 단순히 유전자가 아니다. 우리가 스트레스와 불안을 다루는 정도에 달려 있다.

위협을 인지했을 때 당신은 그것을 다루기 위한 준비를 하고, 당신이 하는 각각의 위협 평가는 투쟁 도피 반응을 유발한다. 이는 스트레스와 불안을 야기하고, 당신의 몸은 위협을 다루기 위해 초경계태세에 들어가게 된다. 특히 만성적이고 누적된 스트레스는 혈액 내 부신피질자극호르몬(ACTH)과 코르티솔 수치를 높이고 이는 혈당 상승을 일으킨다. 높아진 혈당은 인슐린 저항성을 높이고(스트레스를 받을 때 우리가 음식에 의지하는 이유), 이 스트레스를 적절히 관리하지 못하면 염증 반응이 늘어난다. 오랜 시간을 거치다 이런 대처 능력이 고장 나면, 우리 몸이 고장 난다. 건강 악화는 질병과 노화를 일으킨다.

스트레스를 받으면 몸속의 세포가 손상되기 때문에 몸 전체에 광범위한 손상이 진행된다. 말단소체는 신발 끈 끝에 달려있는 쇠붙이 같은 역할을 하기 때문에, 우리 염색체 끝을 꽉 붙잡아 염색체가 제대로 작동하지 못하고, 고장 나고, 손상되는 것을 막아주는 역할을 한다. 말단소체는 우리 세포의 자가 복제 조절에도 관여한다. 간단하게 말해 말단소체가 우리 세포의 건강을 결정짓고, 결국 우리의 신체적 건강도 결정짓는다는 말이다. 말단소체는 우리 몸에 있는 모든 세포의 일부분이기 때문에 그 정도의 영향력을 가진다. 다시 말해 우리가 잘 늙고 있다면 말단소체 '신발 끈 끝'이 우리 세포를 잘 보호하고 있다는 뜻이다.

말단소체는 복합단백질로 이루어져 있으며 우리가 나이를 먹어감에 따라 손상에 의해 점점 짧아지는 것으로 알려져 있다. 세포가 복제를 할 때마다, 말단소체복원효소의 부족으로 인해 손상이 일어난다. 우리 세포는 더 이상 복제를 할 수 없을 때까지 복제를 계속할 것이다. 말단소체가 완전히 사라지면 세포 노화(세포의 죽음)가 일어난다. 이 과정은 되돌릴 수 없으며 결국 암, 치매, 당뇨병 등으로 이어진다. 나이가 들수록 점점 더 질병이 생기는 이유는 우리 세포가 예전만큼 건강하지 않고 더 이상 자기복제를 할 수 없기 때문이다.

이 노화 과정을 늦추고 질병을 막고 싶다면, 가장 중요한 것이 말단소체가 짧아지는 걸 막는 것이다. 말단소체는 세 가지 요소에 제일 많은 영향을 받는다. 바로 만성 염증, 산화스트레스, 심리적 스트레스이다. 이 책에서는 스트레스가 말단소체 길이에 어떤 영향을 끼치는지에 집중하겠다.

2017년 엘리자베스 블랙번과 엘리사 에펠이 쓴 『말단소체 효과 : 더 젊고, 건강하게, 오래 살기 위한 혁명적 접근법(The Telomere Effect: A Revolutionary Approach to Living Younger, Healthier, Longer)』 **(국내에 「늙지 않는 비밀」이라는 제목으로 출간-옮긴이)**은 말단소체의 유지를 위한 다양한 아이디어를 제공한다. 특히 그들은 스트레스와 반추가 말단소체에 끼치는 해로운 영향을 밝혀내고, 사고 패턴을 통한 회복 탄력성 계발, 웰빙 증진을 위한 핵심적인 방법 등 건강에 좋은 제안을 공유한다. 그들은 우리의 세포가 우리의 생각을 듣고 있다는 사실을 명확히 드러낸다.

우리의 생각을 관리하는 것이 말단소체 길이에 영향을 끼치는 가장 직접적인 방법이 될 수 있다. 한 연구에서는 말단소체 유지에 대한 다른 관점으로, 장기간의 마음 챙김 명상가와 명상을 하지 않은 대조군 간의 DNA 메틸화를 비교했다. 17명의 남녀 명상가들은 적어도 10년 동안 매일 60분의 명상을 경험했다. 그리고 그들은 한 번도 명상을 경험하지 못한 사람들과 비교 대상이 되었다. (조사 당시 서로 나이가 다른 참가자들을 대상으로 하는) 단면연구에서, 대조군의 나이와 말단소체 길이는 예상했던 대로 반비례 관계에 있음이 드러났다.

즉 나이가 많을수록 말단소체의 길이는 짧았다. 하지만 연구자들은 의미 있는 발견을 해냈다. '장기간 명상을 한 그룹에서는 말단소체 길이와 나이가 관계가 없음이 드러났다.' 명상이 노화의 영향을 줄여준 것이다. 명상가들은 삶의 만족도, 웰빙, 회복 탄력성에서도 높은 점수를 받았다. 회피, 불안, 우울은 낮은 점수를 받았다. 직접적으로 자신의 사고 과정을 관리하고, 의도적으로 자아비판을 피하고, 자신의 마음에 대해 호기심을 가지는 연습을 함으로써 웰빙을 증진시킬 수 있고 세포의 노화를 늦출 수 있었다. 이 연구의 명상가들을 통해 자신의 생각을 관리하는 것이 전반적인 웰빙에도 영향을 끼친다는 것을 알게 되었다.

같은 결과를 얻겠다고 매일 1시간씩 10년간 명상을 할 필요는 없다. 당신은 스스로의 생각에 선택권과 통제권을 가지고 있다. 부정적인 생각을 하는 자신을 발견할 때마다, 이 생각이 정신 건강과 웰빙에 최선일지 자기에게 질문을 던지자. 당신의 세포는 당신의 생각을 듣고 있다. 그러니 당신이 한 대답이 당신의 장수와 웰빙에 영향을 줄 수 있다.

감정 조절과 자제력을 위한 노력은 어떤 방식으로든 스트레스와 노화에 긍정적인 영향을 준다는 연구도 있다. 명상가들의 경우와 마찬가지로 더 강력한 감정 조절을 위해 (긍정 효과를 높이기 위한 탐구와 같은) 노력을 더 많이 할수록 노화에 스트레스가 끼치는 영향을 막을 수 있다고 한다. 스트레스 그 자체가 우리의 인지조절능력과 감정조절 능력을 감소시킨다는 것을 이해하는 게 중요하다. 가능한 한 당신의 생각이 부정적인 반추에 빠져들지 않게 생각을 조종할 필요가 있다. 부정적인 생각이 뇌와 신체를 장악해, 생각과 감정 조절을 더 어렵게 만들어버리기 전에 말이다.

지속적으로 낙관주의적 사고방식 계발하기

오스트리아의 신경학자, 정신과 의사이자 홀로코스트 생존자, 빅터 프랭클은 『인간의 의미 탐구(Man's Search for Meaning)』 **(국내에 『죽음의 수용소에서』라는 제목으로 출간–옮긴이)**의 작가이자 실존 분석적 심리요법의 창시자이다. 그는 1984년 자신의 책 후기에 '비극적 낙관주의의 사례'라고 썼다.

홀로코스트 생존자로서 프랭클은 고통, 죄책감, 죽음과 같은 삶의 가장 비극적인 측면을 겪을 수밖에 없었지만, 거기서도 의미를 찾아냈다. 지속적인 스트레스를 겪는 극단적인 상태에서, 프랭클은 인간의 잠재력을 믿었다. 비극에 직면한 낙관주의는 '인간에게는 창의적인 방식을 통해 삶의 부정적인 측면을 긍정적이고 건설적인 것으로 바꿔놓을 수 있는 능력이 있다고 믿는' 것이다. 다른 말로 하면, 중요한 것은 주어진 상황에서도 최선을 다하는 것이다.

이미 배운 것처럼, 가능한 한 많은 긍정적 감정을 품을수록 더욱 창의적인 가능성과 해결책이 나온다. 프랭클은 고통을 인간의 성취

와 업적으로 변화시키듯, 감정을 완전히 다른 것으로 바꿔놓는 데에
집중한다.

탐구 자신만의 비극적 낙관주의 찾기

훈련을 위해 노트를 준비한다. 프랭클의 기본 원칙 세 가지를 설명
하는 것부터 시작하겠다.

1. 첫 훈련을 위하여 지금까지 살면서 극복해야만 했던 일 중 가장
   힘들었던 일 한 가지를 적는다. 이 사건을 중심점으로 삼는다. 대
   답을 쓰면서 참고해야 할 것들은 다음과 같다.
   - 기대했지만 일어나지 않았던 일이 있는가? 그렇다면, 기대는
     무엇이었고, 그것이 일어나지 않았던 이유는 무엇이었나?
   - 스스로 책임감을 느끼는 일이었나? 아니면 다른 사람 때문에
     생긴 일이었나?
   - 그 일로 당신의 삶은 어떻게 바뀌었나? 무엇이 당신의 삶을 더
     복잡하게 만들었는가, 예상치 못한 사건으로 무슨 일이 벌어
     졌는가, 당신이 어떤 일을 성취하고 달성할 때 그것이 어떤 기
     여를 했는가?
   - 그 사건을 당신의 인생사 한 부분으로 바라볼 수 있는가? 그
     경험 덕분에 어떤 좋은 점을 물려받았는가?

2. 1번의 질문들에 대한 답을 고민했다면, 이제 비극을 겪은 뒤 당신을 더 나은 방향으로 변화시킨 것이 무엇이었는지 생각해 보자.

- 그저 대처하는 데 그치지 않고 치유를 위해 나아가기 위해 어떤 용기가 필요했는가?
- 이 변화를 일으키는 동안 죄책감이라는 감정을 극복해야 했는가? 어떻게 할 수 있었는가?
- 성장을 경험하는 동안 뜻밖의 일이 있었는가? 이 중요한 사건을 시간에 따라 다르게 볼 수 있게 되었는가? 그렇다면, 당신 인식에는 어떤 변화가 일어난 것인가?
- 그 사건 이후 당신의 삶은 어떻게 나아졌는가?

3. 마지막으로 이 사건 이후 하게 된 새로운 행동에 대해 적어보자.

- 그 사건은 당신으로 하여금 새로운 길을 열어주었는가?
- 그 사건이 자극제가 되어주었는가?
- 이 경험을 긍정적인 것으로 바꿀 수 있었는가?
- 관계가 상향되었는가?
- 친구와 가족이 더 중요해졌는가?
- 다른 사람들을 돕는데 더 많은 시간을 썼는가?

훈련을 끝내면 노트를 다시 읽어 본 뒤, 이 훈련이 그 사건을 바라보는 당신의 관점을 어떻게 바꿔놓았는지 요약해서 적어보자.

다른 사람에게 낙관주의 사고방식을 설명해야 한다면, 뭐라고 할 것 인가? 지금 이 훈련에서 적은 개인적인 경험과 해결책을 이용하면 설명이 가능할 것이다.

낙관주의를 강조함으로써 균형을 맞추는 경우

부정적인 생각, 공포, 비관주의가 그 자체로 문제가 되는 것은 아니다. 그것들이 얼마나 오랫동안 존재했는지, 그 수준이 어느 정도인지가 중요하다. 안타깝게도 균형이 맞지 않는 부정성은 우리의 뇌를 장악해왔을 뿐만 아니라, 최근까지 심리학 종사자들까지 장악했다. 심리학에서 의학 모델의 우세는 심리학의 과학과 실행에 저조한 실적을 남겨주었다. 사람들이 겪고 있는 어려움을 없애야 할 증상으로 보는 것은 정서적으로 건강하다는 것이 무엇인지에 대해 바라보는 근시안적인 관점일 뿐이었다. 지금까지는 '치유' 현상을 회복하면서, 어떻게 해서든 부정성을 없애거나 감소하는 데에만 초점을 맞추는 게 목표인 듯 보였다.

이런 관점은 분명한 것들을 간과했다. 우선, 의학적인 접근법은 그야말로 효과가 없다. 심리학과 심리 요법적 개입이 바탕이 된 바로 그 모델온 웰빙의 증진에 실패했다. 웰빙은 단지 증상이 없는 상태로 정의되었고, 약물은 여기에 효과가 없었기 때문이다. 재발을 막기 위한 약물의 사용은 치료 후에도 재발률이 계속 증가하는 것으로 보아 시스템적으로 실패한 것으로 보인다. 이런 접근법으로는 우리는 절대 웰빙 증진을 기회를 얻을 수 없다. 증상을 줄이겠다는 목표만으로는 효과가 없기 때문이다. 심리 요법적 접근 역시 믿을 수 없을 정도로 높은 재발률을 갖고 있다. 가장 효과적이라는 CBT 요법의 경우도 마찬가지다.

긍정 효과는 이런 치료의 르네상스 시대의 한 가운데에 있다. 최근의 메타분석 연구는 표준접근법의 실패에 주목하면서, 우울증을 위한 최적의 치료 프로토콜은 웰빙 테라피(well-being therapy, WBT)를 추가하는 것이라고 주장한다. CBT에 이어 WBT를 추가하고 '마음 챙김에 근거한 인지치료'처럼 CBT를 수정하면 이 개입이 훨씬 더 효과적이고 오래갈 수 있다.

WBT는 심리학적 웰빙의 여섯 가지 측면(자아수용, 자율성, 환경통제력, 개인 성장, 삶의 목적, 긍정적인 관계)에 근거한 단기 심리치료 기술이다. 그리고 이것들 모두 긍정 효과의 구성요소들이다.

지금까지 이 책을 통해 웰빙의 특징에 부합하는 요소들 그리고 긍정성을 유지하고, 활성화하고, 촉진하는 것으로 알려진 다른 긍정적인 개입을 배웠다. 전통적인 접근법과 달리 WBT는 평범하고 고요한 정신 상태나 기분, 즉 '정상기분'이라고 알려진 개념을 목표로 한다.

연구에 따르면 (조절을 통해 부정성을 막거나 제한하는 등의) 억압은 긍정적인 기분이나 평화로운 상태로 나아가려는 움직임과 조화를 이룰 때, 심리 치료적 가치를 가진다. 더불어 WBT는 정신질환을 가진 사람들의 회복 수준을 높여주는 동시에 재발의 위험을 성공적으로 낮춰주었다. 여기에 긍정성까지 추가하면, 지속 가능한 웰빙을 향해 저울이 기울어지는 다이나믹한 결과를 얻게 될 것이다.

낙관주의에 대한 여정을 마치며, 이제 긍정 효과를 유지하고 지속해 나가는 방법을 알아보겠다. 다음 챕터에서는, 외상 후 성장, 그리고 거대한 열정을 가지고 살아가는 두 가지 방법에 대해 살펴보자.

긍정 효과를 유지하는 수단

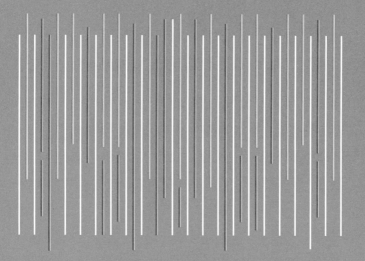

당신의 임무는 미래를 예측하는 것이 아니라,
미래를 가능하게 하는 것이다.

– 앙투안 드 생텍쥐페리

당신은 자신의 감정적 반응에 놀랄 때가 있을 것이다. 그것이 아무리 효과적인 반응이더라도 말이다. 낯선 사람이 줄에 끼어들 때 당신은 거침없이 단호한 모습을 보일 것이다. 미팅에서는 상대의 말에 반박하며 목소리를 높일 것이다. 대부분의 사람들이 당신이 화를 낼 거라 생각하는 상황에서는 웃음을 터트릴 것이다. 껄끄러운 사람에게는 효과적으로 대응하기 위해 어느 정도 거리를 두고 반응할 것이다.

이 모든 순간 우리는 자신에게 감탄한다. 기대했던 감정적 반응에서 벗어나 용기와 자연스러움을 뽐냈기 때문이다. 이렇게 힘든 순간 기대하지 못한 행동을 하게 되면 우리는 자부심이 커지는 걸 느낀다. 이럴 때 우리는 자기 자신에 대한 감정이 바뀔 수도 있고, 나아가 다른 사람과의 관계 맺는 방법도 달라질 수 있다.

이는 '감정적 자기 조절'이라고 알려진 더 큰 기술의 일부다. 무릎 반사처럼 의미 없는 무조건적 반응을 하는 대신, 더욱 사려 깊고 진화된 반응을 보여주는 것이다. 당신은 상황에 맞는 적절한 감정을 선택함으로써, 문제 해결을 위해 더 창의적이고 더 좋은 선택지를 고를 수 있다. 감정적 자기 조절을 통해 당신의 감정은 누구에게나 맞는 프리 사이즈 옷에서 특별 주문 맞춤복이 될 수 있다.

타고나길 희망적이고, 유능감과 회복 탄력성이 있으며, 낙관적인 사람은 감정 조절이 가능하고, 활발하며 잘 배운다. 그들은 자신의 심리적 자본을 계발하여 내면의 HERO를 활용할 줄 안다. 해로운 정신, 감정의 공간을 밀어내는 것만으로도 반은 성공이다. 그러면 과도하게 부정적이거나 소모적인 일에서 멀어질 수 있다. 나머지 반은 긍정성을 이용하여 그것들을 앞으로 끌어당기는 방식으로 거리를 유지하는 방법이다. 이 밀고 끌어당김의 한 가운데에 자기 조절 능력이 있다.

밀어내기, 억제하기, 증상 줄이기는 과학 역사 전반에 걸쳐 심리적, 의학적 개입의 주요 초점이었다. 구체적으로, 우리는 부정성을 줄이고, 고통을 개선하고, 증상을 멈추는 것만 시도했다. 하지만 감정 조절에서는 이러한 노력으로는 절반밖에 성공하지 못한다. 브레이크만으로 차를 운전하려는 것과 같다. 이 접근법은 구식이며 비효율적이고, 과학이 제공해야 할 최선의 해결책에 미치지 못한다. 밀려드는 두려움과 낙담, 우울, 불안, 절망의 물결을 막기 위해서는 긍정성을 높이고 상향 조정할 수 있는 도구를 추가해야 한다. 언덕 아래에 갇혀 있지 않으려면, 브레이크와 가속 페달을 같이 관리해야 한다. 변화를 원한다면 실패가 불 보듯 뻔한 접근법을 사용해서는 안 된다.

계속해서 악화되는 증상 치료하기

학교, 직장, 가정에서의 정신 건강 문제가 점점 증가하고 있는 것만 봐도 지금의 접근법은 실패했음이 명백해 보인다. 전 세계 모든 환경, 모든 연령에서 우울과 불안이 과도하게 확산되고 있으며, 슬픔, 스트레스, 걱정은 전 세계적으로 사상 최고치를 기록하고 있다. 2022년 갤럽의 '세계 감정 보고서'에 따르면, 갤럽 리포트는 다음 세 가지의 중요하고도 걱정스러운 경향을 주목했다.

1. 부정적인 경험은 늘고 긍정적인 경험은 줄고 있다.
2. 스트레스, 슬픔, 걱정이 최고 수치에 달했다.
3. 역사상 그 어떤 때보다 즐거움을 덜 느끼고 있으며 편안한 기분을 느끼지 못한다.

하지만 이렇다고 해서 당신이 할 수 있는 게 아무것도 없다는 뜻은 아니다. 이런 경향은 오로지 브레이크만 사용하는, 즉 부정적인 감정을 하향 조절하는 치료 때문에 생겼을 가능성이 있다. 이제 우리는 언덕 아래에서 위로 힘을 내 올라가야 한다.

부정성의 하향 조절만으로는 긍정적인 감정을 가속화할 방법이 없고, 우울, 불안, 다른 정신 건강 문제가 되풀이되는 것을 막을 도리가 없다. 감당하기 힘든 감정이 올라오더라도 거기에 대처할 수 있게 돕지를 못한다. 하향 조절은 미래의 웰빙을 위한 능동적 대처도 배제한다. 재발 방지, 대처에 효과가 없으면 전략을 바꿀 때라는 의미이다. 전 세계가 나서야 할 일이며, 이제 당신 스스로 시작해야 할 일이다.

과학적 해결책이 문제 해결에 얼마나 도움이 되지 않는지, 오히려 어떻게 상황을 더 악화시키기만 하는지 비유적으로 살펴보자. 1870년에서 1910년 사이 약 40년 동안, 과학은 화재를 처리하기 위한 해결책으로 소화기라는 실용적인 장치를 내놓았다. '유리 수류탄'으로 불길을 잡아 불을 끄는 식이었다. 이용했다. 유리를 불어서 만든 이 전구 모양 장치 안에는 소금물이나 사염화탄소를 채우기도 했다. 불이 시작되면 이 전구를 불길에 집어 던지고, 거기서 전구가 깨지면서 안에 있던 내용물이 밖으로 나오며 불을 끄게 된다. 적은 양의 소금물로는 거의 효과가 없었고, 사염화탄소는 역시 이후에 발암물질로 알려지며 흡입, 섭취, 흡수했을 때 건강에 해로운 것으로 밝혀졌다. 설상가상으로 사염화탄소는 불길을 만나면 화학물질이 가열되면서, 결국 화학전에 사용되는 독성 물질, 포스핀 가스가 되었다.

초기 소화기는 거짓 안도감을 심어주었다. 언뜻 좋은 아이디어 같아 보이지만 부적절하고, 위험하며, 진짜 문제 해결에 아무 도움도 되지 못했다. 사염화탄소는 불길에 던져지면 오히려 문제 상황을 만들어 내고 악화시키기만 했다. 이와 다르지 않은 방식으로, 우울의 불을 끄기 위해 고안된 항우울제는 기대만큼 효과적이지 못했고, 오히려 자살 기도나 자살을 늘리는 것으로 드러났다.

유리 수류탄이 불을 껐다면, 그건 계산된 개입이기보다는 무작위적인 행운에 가깝다고 볼 수 있다. 조금 더 개선된 CBT 접근법이 성공했을 때도, 사람들은 그것이 왜 효과가 있는지 확신하지 못했다. 온갖 치료법이 나왔음에도 불구하고 우울과 불안은 여전히 많고, 심지어 역사상 그 어느 때보다 많은 사람들이 불안과 우울을 겪고 있다. 연구자나 임상의들은 이런 상황을 '치료법 보급의 역설'이라고 부른다. 우리에겐 수많은 치료법이 있지만 증상은 점점 더 악화되고 있는 당황스러운 상황이다.

과거 심리학과 정신 의학 분야는 유리 수류탄을 던져 감정의 불을 끄려고 했다. 이제 새로운 과학을 이용해 더 빠르게 작동하면서도 더 효과적인 감정의 소화기를 제공해야 한다. 전체적으로 스프링클러 시스템을 설치하고, 잘 설계된 방염 건물을 세워야 한다. 정신 건강과 웰빙을 위한 목표 역시 잘 바꿔어야 한다.

부정성에 대처하고 예방하는 힘을 계발하고, 동시에 긍정성과 웰빙을 키워나가는 데에 집중할 때, 우리는 불길을 끄는 법을 배울 수 있고 방염이 되는 건강하고 행복한 정신을 키울 수 있다. 당신은 전반적인 감정의 균형을 맞출 수 있는 능력과 기술이 있다. 또한 심리적 자본이 풍부하게 가지고 있는 사람, 긍정 효과를 마음대로 다룰 수 있는 사람에게서 이 능력과 기술을 배울 수 있다. 그들은 불을 끄기 위해 인식을 조절하는 법을 깨우쳤고, 그 결과 감정의 자기 조절을 통해 감정도 조절할 수 있게 되었다. 그들은 잠재적인 재난이 닥쳐도 다시 번영할 수 있도록, 잿더미에서 다시 일어서는 방법을 발견했다. 이것이 바로 외상 후 성장(post-traumatic growth, PTG)이다. 이제 이 기술을 자세히 살펴보자.

감정적 자기 조절의 효과

감정적 자기 조절을 이해하고 웰빙에 변화를 일으키기 위해, 당신의 감정이 어떻게 작동하는지, 그것을 어떻게 인지하는지, 그것을 어떻게 도움이 되는 쪽으로 변형시킬지 알아야 한다. 하지만 감정을 읽을 줄 아는 능력은 학교, 직장, 집에서 가르치는 게 아니며, 그것을 어디서 가르쳐야 하는지 논쟁만 뜨겁다. 만약 당신이 감정의 자기 조절법을 모른다면, 부정적인 감정이 당신의 뇌를 장악해버릴지도 모른다.

학교에서는 이 때문에 행동장애, 잦은 결석, 동기 결여, 낮은 성적, 친구 괴롭힘, 고립, 약물 남용, 우울, 공격, 소외감을 일으킨다. 감정적 자기 조절과 정신 건강이 학교 교육 과정에 포함되면 엄청난 영향을 줄 수 있다. 구체적으로 건강 위험 행동, 정신질환, 약물 의존, 범죄, 결국 실업까지 낮출 수 있다. 특히 감정적 자기 조절을 가르치면 자살 위험, 담배와 마리화나 사용, 처방약 남용의 감소에 도움을 준다. 학교에서 학업에 관련된 것만 가르치는 것은 실수이며 지금은 개선되고 있는 중이다. 다만 조금 더 빠른 시일 내에 변화가 일어나야 할 것이다.

직장의 경우, 오로지 생산성에만 집중하는 것으로는 충분하지 않다. 근본적이고, 영향력 있는 방법으로 근로자의 웰빙을 돌보는 것이 모든 분야에서 고려되어야 한다. 근로자의 감정적 자기 조절을 헤아리지 않는 업계는 높은 확률로 잦은 결석, 일이 없어도 집에 가지 않는 현상, 생산성 부족, 번아웃을 경험한다.

이 책은 성인을 위한 것이지만 여기 나오는 방법은 어린나 청소년에게도 효과적이다. 이 훈련을 통해 심리적 자본이 풍부한 성인이 문제를 헤쳐나가는 통찰력을 배울 수 있다. 학생들의 번창을 예측하는 연구에 따르면, 결국 차이를 만들어 내는 것은 낮아진 불안과 우울 수준 그리고 HERO 개념의 결합이었다. 희망, 유능감, 회복 탄력성, 낙관주의가 제각각 웰빙에 기여하기도 했지만, 이것들이 모두 함께 사용될 때 부가적인 효과가 생겨났다. 어릴 때부터 더 나은 삶을 꾸리기 위해서는 HERO의 구성 요소들이 필요하며, 그 과정에서 감정적 그리고 사회적 자기 조절이 중요한 역할을 한다. 심지어 어릴 때의 효과는 성인이 되어서까지 이어지기에 더욱 중요하다. 심리적 자본의 개입도 단독으로 사용될 때보다는 함께 사용될 때 더 좋다. 이런 새로운 방법과 개입을 이용함으로써 당신의 심리적 자본 또한 키울 수 있다.

WOOP

　효과적인 감정적 자기 조절 기술은 바람(wish), 결과(outcome), 장애물(obstacle), 계획(plan)이라는 4단계(앞글자를 따 WOOP)를 통해 HERO 요소와 힘을 합친다. 당신은 구체적인 바람 또는 목표를 세우고, 최선의 결과를 상상하며, 목표를 방해하는 장애물을 찾아내고, 그 장애물을 극복하기 위해 'if…then(만약 —라면 —하기로 한다)' 계획을 세운다. 이 개입의 독특한 점은 그저 목표에만 집중하는 것이 아니라 목표를 방해하는 장애물 다루는 방법에 집중한다는 점이다. 이 기술은 자기 조절과 자기 수양의 방법으로 효과적으로 사용되어 왔다.

　그럼 WOOP 기법이 심리적 자본과 어떻게 결합하는지 살펴보자.

1. 바람이나 목표, 성취할 수 있으리란 믿음은 희망을 활성화시킨다.
2. 최선의 결과에 대해 생각함으로써, 낙관주의적인 감각을 끌어들인다. (앞 챕터의 BPS 훈련과 유사하다.)
3. 도중에 만나게 될 장애물을 예측하고 찾아냄으로써 회복 탄력성을 키운다. 4 챕터가 시작될 때 쓰여 있던 마르쿠스 아우렐리우스의 격언을 기억하라. '행동을 막는 장애물이 행동을 진전시킨다. 길을 막고 서 있는 것이 길이 된다.' 이것은 장애물을 극복하기 위해 취해야 할 행동을 설명한다.

4. 마지막으로 신중한 계획을 세우는 것이 당신에게 능력을 부여한다. 목표를 성취할 수 있다는 자신감을 더해준다.

탐구 WOOP 기법을 통한 자기 조절

노트에 성취하고 싶은 목표를 적는다. 늘 그렇듯 그냥 넘어가지 말고 지금 바로 훈련을 하 보자. 우선 어렵지만 그렇다고 아주 괴롭지는 않은 주제를 정하자. 훈련 목적을 위해, 상대적으로 단기적인 목표를 선택하라. 대신 그것을 성취하려는 동기는 충분해야 한다. 당신이 정말로 그 일이 일어나기를 원하는 일, 그저 스쳐 지나가는 욕망 이상인 일을 골라야 한다.

예를 들어 동네 체육관에서 일주일에 세 번 스피닝 수업을 듣는 게 목표라고 생각해 보자. WOOP에 따라 개요를 짜 보면 다음과 같을 것이다.

1. **바람 :** 나는 체육관에서 45분짜리 스피닝 수업을 일주일에 세 번 듣고 싶다.
2. **결과 :** 에너지가 더욱 넘치고, 기분이 좋아지고, 체중도 조절할 수 있을 것이다. 미래에 성공한 모습을 상상했을 때, 더 활력 있고, 건강하고, 몸매 좋은 나 자신이 보인다.
3. **장애물 :** 직장 스케줄이 자주 바뀌어서 수업 세 번은 다 듣지 못할

수 있을 것 같다.

4. **계획** : 수업에 참여하지 못하게 되더라도 그냥 체육관에 간 뒤 미리 녹화한 수업을 앱으로 보면서 운동한다. 비록 내가 제일 좋아하는 수업은 들을 수 없어도 혼자 운동은 할 수 있다.

당신의 WOOP는 어떤가? 4단계로 목록을 작성하고, 당신의 바람에 따라 내용을 채워보자. 그런 다음 일주일 동안 계획대로 실행해 본다. 어떤 결과를 얻게 되었는지 보고, 이 방법이 어떤 효과가 있었는지 생각을 적어본다. 많은 사람이 장애물에 집중하는 부분이 심리적 자본의 증진에 효과가 있다고 보고했다. 문제를 인식하고 그것을 어떻게 해결할지 고민하는 과정 자체가 우리의 심리적 자본을 키우고 고무시킨다. 당신은 스스로의 바람을 위해 애쓰며 어떤 경험을 했는가?

우리는 신체적 고통을 느낄 때, 자동적으로 그것의 원인과 치료법을 궁금해하고, 또 그런 일이 일어나지 않도록 조치를 취한다. 하지만 감정적인 고통이 있을 때는 그 고통이 즉각적으로 우리의 에너지를 앗아가는 바람에, 결국 문제 해결 방법을 찾지 못하게 될 때가 있다. 신체적 고통이 있을 때는 그 고통에 대해 더 알아가려고 하고, 지금 상황을 변화시키려는 마음이 든다. 반면 감정적인 고통을 겪을 때는 보통 고통을 일으키는 원인을 못 본 체하고 무력감에 빠진다. 이 때문에 나와 내 동료들이 변화를 시도하는 것이다.

긍정 효과는 HERO(희망, 유능감, 회복 탄력성, 낙관주의) 개입이 당신의 관심을 변화시키고, 믿음을 바꾸어놓고, 인식 조절 능력을 키우는 방식에 주목한다. 나의 바람은 지금까지 살펴본 모든 개입과 변화가 당신의 도구함에 추가되어, 그것들이 서로 부가 효과를 내는 것이다. 갑작스러운 극단적 변화는 당신을 부정성의 소용돌이로 빠트리거나 번아웃을 느끼게 할 위험이 있을 수 있다. 당신에겐 익숙한 도구들이 필요하다. 그래야 제 발로 일어나, 부정성을 멀리하고, 긍정적 감정이라는 새로운 작물에 지속적으로 영양분을 공급할 수 있다. 심리적 자본의 수준이 높은 사람은 위험성이 큰 상황에서도 번영하고 번창하기 위해서는 무엇이 필요한지 잘 알고 있다.

외상 후 성장이 당신의 미래에 영감을 준다

2001년 9월 11일, 납치당한 비행기 두 대가 세계 무역 센터 쌍둥이 빌딩과 충돌했을 때, 아무것도 모르던 사람들은 참사에 대응해야 했다. 테러 공격과 그 여파는 생존 본능에 대한 보기 드문 기회를 제공했기에 깊이 있게 연구되었고, 이후로도 계속 연구가 되어 왔다. 이 사건 외에도 정신적 외상을 초래하는 사건에 대한 연구는 지금까지 탐구된 직 없는 심오하고 독특한 특성(외상 후 성장, PTG)에 대한 통찰력을 제공한다.

2004년 리처드 테데스키와 로렌스 칼훈은 외상 후 성장이라는 개념과 그 현상과 관련된 연구에 대해 설명하는 글을 내놓았다. PTG는 생애 위기를 겪은 뒤 긍정적 변화를 경험하는 것으로, 인생에 대해 감사하는 마음을 키워주고 대인 관계의 우선순위에 변화를 가져온다. 또한 심리적인 힘을 향상시키고 영적인 삶을 깊이 있게 만들어줄 수도 있다.

심리학계에서는 이러한 반응에 큰 흥미를 보이고 있다. 왜냐하면 정신적 외상을 초래하는 사건이 인격 발달의 심오한 확장에 촉매제가 되는 과정과 이유를 보여주기 때문이다. 트라우마는 더 이상 PTSD의 인과적 트리거(방아쇠)로 여겨지지 않는다. '잠재적 외상 사건'은 트라우마가 따라올 수도, 따라오지 않을 수도 있다는 것을 보여준다.

PTG를 통해 잠재적 외상 사건은 변화와 성장을 가져올 수 있다. PTG 변형에 대한 연구와 조사는 PTG로 인격이 완전히 변한 사례부터, 개인이 과거를 회상하는 방식의 변화까지 다양하며, 어쨌든 적응 변화가 일어난 것에 주목한다. 개인적인 성장으로 인식을 옮김으로써, 트라우마를 경험한 개인은 외상 후 성장을 경험할 수 있게 된다.

PTG가 중요한 이유는 단순히 기준점, 즉 트라우마를 겪기 전으로 돌아가기 때문이 아니다. 급진적인 개선을 경험하기 때문이다. 더불어 그들은 높은 수준의 고통을 야기하는 힘든 상황에도 적응을 하려고 시도한다. 게다가 외상 후 '성장'은 정신질환을 초래하는 트라우마보다 훨씬 더 흔하다. 가장 끔찍한 환경에서 우리를 살아남게 만든 것은 우리를 성장하게 만든다.

성장과 고통은 부정적인 환경에 적응하는 과정의 일부다. PTG와 함께 개인적 고통과 성장은 공존한다. 고통스러운 사건이 여전히 이해할 수 없고 그로 인한 상실도 남아있을 수 있지만, 미래를 향한 지향점에 중점을 두어야 한다. 인식의 변화는 이미 잃어버린 것을 넘어서서 변경된 목표, 목표를 이루기 위한 인지 도식, 그렇게 하기 위한 동기의 측면에서 잠재적 외상 사건이 의미하는 바를 포함한다. 그 결과 우리가 기능하는 방식에 변형과 변화가 생길 수 있다.

심각한 재난에 적용된 감정적 자기 조절

트라우마를 겪는다고 해서 자동적으로 성장을 하는 건 아니다. 외상적 사건이 한 인간의 심리적 성장을 야기하지는 않는다. 그보다 심리적 고통을 겪은 후 새롭게 드러난 현실에 대한 반응이 중요하다. 이 반응이 PTG가 일어나는지 아닌지를 결정한다. 이 변화는 단순히 지능적, 인지적 구조 개혁이 아니며, 심각한 감정적 요소에 의해 촉진될 수 있다. 고통스러운 환경에 대한 강력한 감정과 현실의 인정은 미래를 향한 계획을 세울 때 사용된다. 단지 트라우마를 다르게 생각하는 것만으로 변화가 일어나는 것이 아니다. 감정저 반응을 조절해야 성장 지향적 미래를 계획할 수 있다.

도예가가 물레 위에 점토 한 덩이를 놓고 모양을 잡기 시작할 때, 그들은 제일 먼저 점토를 꾹 누른다. 그래야 물레가 돌아가더라도 점토가 고정되기 때문이다. 외상적 사건에 대처하기 위한 지능적, 인지적 접근이 바로 이런 것이다. 우리는 손에 들려진 점토를 확인하고 그것으로 유용한 것을 만들어 낼 준비를 한다. 그런 다음 도예가는 점토와 손을 적신다. 이것이 감정적 조절이다. 이는 도자기 빚는 과정을 용이하게 하려면 꼭 필요한 순서다.

트라우마 생존자가 자신의 정신을 다시 세워나갈 때, 그들은 두 세계에 살고 있다. 한쪽은 고통, 상실, 심각한 재난이 살고 있는 곳, 또 다른 한쪽은 새로운 삶을 위해 필요한 것들이 모여 있는 곳이다. 홍수, 지진, 토네이도를 겪은 후 엔지니어들은 그런 사건 후에도 살아남을 수 있는 구조물을 연구하고 그에 맞게 재건축을 계획한다. 트라우마로 상처를 받은 사람들은 그 자체로 생존자이자 자기 정신의 엔지니어이다.

저지 쇼어에 사는 나는 수퍼스톰 샌디가 강타하기 몇 달 전 지금 집으로 이사를 왔다. 예전 집주인은 실내 장식가이자 엔지니어로 미학적으로 만족스러운 동시에 100년 홍수(국가 홍수 보험 프로그램이 설정한 심각한 홍수 가능성)도 견딜 수 있는 튼튼한 집을 짓고 있었다. 그들은 물가 선착장에서부터 여러 겹의 옹벽을 세웠고, 12피트 용량의 플로팅 도크를 설치했다. 그들은 뒷마당을 깎아 집이 위치한 곳의 지반을 높이고, 수력 오수 펌프를 설치할 계획을 세우고 있었다. 이 독특한 펌프는 수

압으로 작동되는 것이기에 전기나 배터리는 필요하지 않은 것이었는데, 엔지니어는 여태 들어본 적도 없는 이 펌프를 꼭 들여놓으라고 강력하게 추천했다. 그래야 지하실이 물에 잠기지 않을 거라면서 말이다. 나는 오로지 그의 고집 때문에 시키는 대로 하였고, 보수 작업은 폭풍이 오기 한 달 전에 완료되었다.

샌디가 들이닥쳤을 때, 바다와 호수를 분리하는 용수로가 넘치면서 호숫물이 급격히 불어났다. 나는 일주일간 집에서 대피했다. 홍수로 인한 피해는 지금까지 한 번도 본 적 없는 수준이었고, 그 지역 주민들도 감당을 할 수가 없는 상태였다. 어찌 보면 마을이 그냥 쓸려나간 모양새였다.

나는 최악을 상상하며 집으로 돌아왔다가 깜짝 놀라고 말았다. 수력 펌프가 작동한 탓에 집이 너무나 멀쩡한 데다 지하실까지 뽀송했기 때문이다. 이 일이 있은 후, 미국 환경 보건국 엔지니어의 말에 따르면 우리 집처럼 보조 펌프, 옹벽, 플로팅 도크가 있으며 지반을 높여놓은 집만이 살아남았다고 말했다. 결국 홍수 이후 저지 쇼어는 도시 건축법을 손보게 되었다.

마찬가지로 트라우마 생존자들은 자신의 정신을 재건함으로써 심각한 재난에 대응할 수 있다. 재난에 취약하지 않은, 더 준비된 집을 만들기 위해 스스로의 집을 높이 세워 요새화하는 것이다.

외상 후 성장은 외상 사건을 겪은 사람들에게 나타나는 장기적 효과이다. 그렇다고 그들이 부정적인 반응을 전혀 경험하지 않는다는 뜻은 아니다. 오히려 감정적으로 엄청난 경험에 노출되었음에도, 그럼에도 불구하고 심리적 성장을 경험했다는 의미이다. 그들은 과거를 발판 삼아 미래를 재건축한다.

이 책이 어떻게 외상 후 성장을 이끌 것인가

PTG를 경험하면 어떤 변화가 일어날까? 가장 먼저 삶에 대한 감사한 마음이 커진다. 크고 작은 것들에 대해 더 자주, 더 많이 고마워하게 된다. 하지만 일부러 외상 사건을 경험할 필요는 없다. 챕터 1에서 감사하는 마음을 갖는 연습을 한 것도 그 때문이다. 당신은 지금 당장 중요한 것으로 인식을 바꿀 수 있다. 챕터 2에서 희망에 대해 배웠듯이, 목표를 재설정하면 목표를 달성하는 즐거움의 경험에도 더 가까워진다.

PTG 연구에 따르면 생존자들은 이전보다 더 따뜻하고 친근한 관계를 발전시켰으며, 스스로의 힘에 대해서도 더 잘 느끼게 되었다. 챕터 3의 유능감에서 살펴보았듯이, 자신감이란 우리 뇌라는 검색 엔진이 무엇을 볼 것인지 결정하는 데에서 나온다. PTG를 경험한 개인은 자신의 서사를 만들어가기 위하여 성장할 경험을 계속 찾아 나선다.

인생의 새로운 가능성이 명백해 보일 때, PTG를 경험한 개인은 회복탄력성과 낙관주의의 역학을 이용한다. 챕터 3 회복 탄력성에서 유연한 사고방식을, 챕터 5 낙관주의에서 '가능한 최고의 자신'과 대화 나누기를 배운 것도 그런 이유이다. 황폐한 생활환경 때문에 늘 고통을 이용해 성장하는 사람들은 더 나은 삶의 방식을 향해 나아간다. 엄청난 고통이 행동의 이유가 되기는 했지만 그래도 그들은 우리에게 쫓아갈 청사진을 남겨놓았다. 우리는 그들의 기술을 받아들여 우리 삶을 개선시키면 된다. 성장과 웰빙을 위한 고군분투의 혜택을 얻겠다고 굳이 트라우마를 경험할 필요는 없다. 자신의 용기로 길을 환히 밝힌 사람들에게서 배우면 되기 때문이다.

챕터 4의 회복 탄력성 탐구를 할 때, 당신은 상황을 정확하게 판단하기 위해 '무슨 일이 일어나고 있는가'에 집중했다. 이는 어떤 선택지를 쫓을지 결정하는 데에 도움이 되었다. PTG를 탐구하면, 당신의 감정을 정확히 판단함으로써 비슷한 경험을 하게 될 것이다. 곧 알게 되겠지만, 무슨 일이 일어나고 있는지에 대한 인지적 평가를 내리는 것은 감정적 평가를 내리는 것과는 다르다.

탐구 곤란한 감정 유지하기

앞선 챕터의 비극적 낙관주의에서 힌트를 얻어 이번 훈련을 진행해 보려 한다. 앞서 우리는 빅터 프랭클 생각을 알아보았다. 그는 감정을 변화시켜, 인간의 고통을 성취와 업적으로 바꿔놓을 수 있다고 말했다. 나는 비극적 낙관주의에 대한 프랭클의 주장이 PTG 연구의 길을 터주었다고 믿는다. 전제는 이미 존재하고, 연구는 계속해서 거기에 힘을 실어주고 있다.

이 탐구는 세 가지 단계로 이루어져 있다. 각 단계를 꼼꼼하게 읽고, 직접 이 훈련을 해도 되겠다는 느낌이 드는지 확인을 하기 바란다. 최근에 힘든 일을 겪었다면 숨겨진 장애물이 있을 수 있다. 괜히 무리할 필요는 없다. 스스로 감당하기 너무 어렵다고 느껴지는 순간이 있다면, 당신에 대해서 제일 잘 아는 사람은 당신이기에, 불편한 기분이 드는 일은 하지 않는 게 좋다. 어떤 이유 때문이라도 불가능해 보인다면 더 이상 진행하지 말고, 대신 그 이유를 노트에 적자. 이것은 어려운 감정을 이겨내는 데 있어서 당신의 성장에 큰 도움이 될 것이다.

우선, 여러분의 삶 속에서 곤란한 감정이 시작되었던 장면을 찾아보자. 배신, 고통, 트라우마, 실망, 혼란이 언제 생겨났는가? 희곡, 대본, 단편 소설이나 에세이에서 이 장면을 묘사하는 것처럼 장면을 그려보자. 이 장면의 특징을 살리면서 한 단락으로 글을 써 보자. 이것이 1단계이다.

1. **다음은 예시이다. :** 따뜻한 여름날이었다. 나는 파트너와 함께 친구 집에 가던 중, 이웃집 앞을 걷고 있었다. 이웃집을 지나는데 줄에 묶여 있는 익숙한 개가 보였다. 나는 인사를 하고 지나치는데, 골든리트리버가 갑자기 내게 뛰어들었다. 난 팔을 들어 그를 막았으나, 개는 긴 소매 셔츠를 입고 있던 내 팔을 덥석 물어버렸고,

팔뚝을 거칠게 물어뜯었다. 그 고통은 말로 다 할 수가 없었다. 난 대응하기 힘들 정도의 강렬한 충격을 받았고, 너무 아프고 화가 난 나머지 욕설을 쏟아냈다. 사람들은 급히 그 개를 근처 차에 가뒀다. 내 셔츠는 피로 빨갛게 물들고 있었고, 극심한 고통은 도저히 견디기 힘든 수준이었다. 피를 보고 화가 난 나는 이것이 당장 내가 해결해야 할 일이라고 생각했다. 하지만 계획은 없었다. 피하거나, 무시하거나, 아무 일 아닌 척 할 수 없는 일이 생겨버린 것이다.

이제 그때의 감정이 얼마나 강렬했는지를 돌이켜 보자. 이것이 2단계이다. 여러 감정이 소용돌이치는 것은 흔한 일이며, 꼭 한 감정을 분리해서 생각할 필요는 없다. 여기 위 장면에서 이어진 예시가 있다.

2. 신체적 고통의 강도가 내 화를 돋은 것 같았다. 나는 마치 다른 사람에게 일어난 일을 보는 것처럼 내 반응을 지켜보며 인지하고 있었다. 난 화와 충격을 느꼈고, 물린 부위에는 깊고도 욱신거리는 통증을 느꼈다.

마지막 3단계에서는 그 장면에서 느낀 감정을 떠올리며, 그 느낌을 지금 이 순간 다시 불러온 다음, 판단을 하지 말고 그대로 느껴보자. 사건을 떠올리고 있던 관찰하는 자아가 지금 감정의 테이프를 재생하고 있다. 당시로 돌아가 그 감정을 느껴보자. 그리고 중요한 것은 아무런 판단 없이 그 감정을 유지한 채 점검하는 것이다.

바로 이때 당신은 두 가지 일이 일어나기를 원한다. 당신은 그 감정을 느끼기를 원하고 동시에 그 감정이 유지될 수 있도록 감정의 그릇이 되기를 원한다. 당신은 관찰자인 동시에 감정 그 자체이다. 사건의 순간 당신이 느낀 것은 무엇인가? 대답은 관찰자에게서 나온다.

3. 화와 충격의 감정을 다시 떠올리자, 그것이 일종의 배신감 같았다는 것을 알게 되었다. '배신감'이라는 말은 입 밖으로 꺼낸 적이 없지만 그때의 감정은 그랬다. 이제 나 자신을 보호하기 위해 어떻게 해야 할지 생각하면서 그 배신감을 이해하려고 애썼던 기억이 난다.

요약하자면, 이 3단계는 1) 장면 기억하기 2) 감정을 확인하고 느껴보기 3) 현재 시점에서 그 감정을 다시 떠올려, 판단 없이 다시 관찰하고 느끼기라고 할 수 있다. 세 번째 단계는 특히 감정의 변화를 위해 필수적인 부분이다. 과거의 장면을 바꾸려고 하거나, 새로운 대책을 내놓거나, 감정을 억누르려고 하지 않기 때문이다. 당신은 그 감정이 떠오르도록 내버려 두고, 당시의 기억을 살려 짧은 시간 동안 그 장면의 기억을 계속 유지한다. 대략 10초에서 30초 정도 이 과정을 거친 후, 경험한 바를 노트에 적는다.

가능하다면 며칠에 걸쳐서 같은 기억을 몇 차례 떠올려보는 연습을 해보자.

부정적인 감정이 아직 우리의 마음을 장악해버리지 않았을 때 그리고 우리가 끊임없는 반추를 시작하지 않았을 때에는 부정적인 감정도 변화할 수 있다. 당신은 부정적인 감정을 떠올릴 수 있고, 그 감정 때문에 해를 입지 않는 선에서 의식적으로 그 감정을 다시 살려낼 수 있기에, 부정적인 감정이 마음속에서 어떤 작용을 하는지도 배울 수 있다. 해양 생물학자가 동물을 연구하기 위해 사용하는 바닷가재 통발을 상상해 보자. 당신은 바닷가재가 살아있기를 원한다. 그래야 연구를 할 수 있기 때문이다. 하지만 그렇다고 바닷가재가 당신을 해치는 건 원하지 않는다. 마찬가지로, 당신은 고통스러운 감정을 바라볼 수 있지만 그것 때문에 해를 입지는 않는다. 사실상 당신의 고통스러운 감정은 아름다운 결과로 이어질 수 있다.

취약함의 진주

부정적인 감정을 품고 있을 때 섬세한 균형이 일어날 수 있다. 취약함을 강인함으로 이용할 수 있다는 뜻이다. 상처받고 화가 났을 때, 동시에 우리는 대처를 하기 위한 방법을 찾으려 애쓴다. 예상하지 못한 갑작스러운 부정적 사건이 참고 인내하는 반응을 유발할 때 부조화가 생긴다. 우리는 이것을 정반대의 만남으로 경험할 수 있다. 고통과 성장, 제한과 확장, 자립과 지원 요구, 사려 깊지 못하고 잔인하고 비인간적인 사람들과 사이에 섞여 있는 도움 되는 사람처럼 말이다. 이런 모순의 인식은 '외상 후 퇴보'라고 알려져 있다. 좋은 것이 있으면 나쁜 것이 따라오고, 그 반대도 마찬가지다.

이런 양극성에 대처하기 위해, PTG를 겪은 트라우마 생존자들은 '변증법적 사고'를 한다. 변증법적 사고란 완전히 상반된 두 가지(취약함과 강인함)가 당신의 인식 속에 함께 있을 때를 말한다. 이것은 PTG에 관한 연구 결과에서도, 지혜와 주관적인 웰빙 사이의 관계를 노래한 문학에서도 중심이 되는 요소이다. 껄끄러운 반응을 유발하는 사건은 비록 만족스럽지 못하더라도, 분명 그 사건을 마주함으로써 얻을 수 있는 성장이 존재한다. 앞선 탐구에서 직접 해본 것처럼, 껄끄러운 감정을 유지하는 법을 배우면 당신은 이 과정을 발전시키기 시작한다. 당신을 취약하게 만드는 감정을 발동시켜라. 그리고 그것에 압도되지 않은 상태에서 예행연습을 통해 강인함을 키워라.

어려운 환경에서 우리는 자동적으로 부정적인 반응부터 보이게 된다. 외부의 파괴적인 사건에 대한 마음의 즉각적인 반응은 굴의 모습과 닮아있다. 이 연체동물은 껍데기 안으로 예상치 못한 모래나 작은 돌멩이가 들어왔을 때, 굴 껍데기의 내부 벽면을 만드는 재료인 진주층으로 이 방해물을 코팅해버린다. 껍데기 안쪽을 진주층이라고 부르는 이유는 이 층이 여러 겹 쌓이면 진주가 되기 때문이다. 이는 거슬리는 사건의 불편함과 짜증이 어떻게 보석으로 자라날 수 있는지를 보여주는 은유이다.

이를 더 자세히 들여다보자. 왜냐하면 굴의 생태는 PTG가 영구적인 변화를 이끌어내는 과정과도 무척 닮아있기 때문이다. PTG를 겪은 사람과 마찬가지로 굴에게도 '트라우마 이전' 상태와 '트라우마 이후' 상태가 있다. 진주는 맨틀(굴의 내부 장기를 보호하는 세포막 층으로 굴 껍질 안쪽에 있다)과 껍질 사이에 영원히 자리를 잡는다. 이 말은 성가신 것이 껍질 안으로 들어간 후, 굴의 내부 세계는 영원히 변화한다는 뜻이다. 예상하지 못했던 물체가 성장을 일으킨다.

이는 PTG를 겪은 개인에게도 마찬가지다. 마음속에 상반된 두 가지 진실을 품고 있는 변증법적 과정은 이 성가심을 이용하여 성장을 이끌어낸다. PTG를 겪은 사람들은 지금 상황과 최적의 기능 간의 차이를 좁히기 위해 열심히 일한다. 이전에 계획했던 것, 예측했던 것으로부터 강제로 멀어진 대신 새로운 현실로 나아가게 된다. 그들의 내면 세계는 변화하고, 영구적인 성장은 원치 않는 사건으로부터 시작된다.

비유를 계속해 나가자면, 우리는 보통 굴이 진주를 만들어 내는 능력이 특별하다고 여긴다. 잘 알려져 있지 않지만 사실 대부분의 쌍각류 조개(함박조개, 홍합, 다랑조개, 굴, 가리비)는 진주를 만들 수 있다. 우리가 생각했던 것보다 진주가 더 흔한 것이듯, PTG 역시 처음 상상했던 것보다 훨씬 일반적인 것이라는 사실을 알게 되었다.

그리고 어려움을 통해서 얻은 성장은 수명이 짧지 않다. 9/11 생존자들을 인터뷰한 연구에 따르면 세계 무역 센터 내부 혹은 근처에서 직접적으로 사건을 경험한 사람들 대다수(3분의 2 이상)가 사건 후 18개월 이내로 어마어마한 심리적 성장을 경험했다고 한다. 초기부터 주목할 만한 PTG가 목격된 것이다. 그렇다고 여기에서 그쳤을까? 사건 후 15년이 지난 2021년 행해진 후속 연구에서도, 사건에 많이 노출되었던 사람들은 외상 후 스트레스 반응을 겪기도 했지만 동시에 PTG도 경험했다는 결과를 얻었다. 성가신 모래가 껍데기 안으로 들어온 지 오래되었어도 우리는 계속해서 진주를 만들고 있다는 이야기다.

지속가능한 PTG에 연료를 공급하는 힘은 사회적 관계, 사회적 지지, 그리고 높은 자기효능감이다. 이는 타인과 더 연결되도록, 더 많이 얻도록, 더 유능감을 느끼도록 도와준다. PTG는 대체로 사회적 관계에 의해 촉진되고, 트라우마와 사건 이후 성장에 대해 대화를 나누는 과정을 통해서는 안도감을 얻을 수 있다. 다른 사람에게 이런 이야기를 들려주는 과정에서 새로운 서사가 개발된다. 친밀한 관계 속에서 사건의 감정적인 측면이 드러나게 되고, 목적과 의미에 대한 질문이 재구성된다. 생존자들은 그들이 신뢰하는 사람들과 이야기를 나누면서 자기 자신을 믿는 법을 배우게 된다.

긍정 효과는 당신이 번영하도록, 최적의 기능을 하도록 도와주려 한다. 우리의 목표는 긍정적인 세계관, 긍정적인 감정, 그리고 그 효과를 손에 넣는 법, 그리고 그것을 계속 유지하는 법을 찾는 것이다. 앞머리에서 배웠듯이 부정적인 생각은 자갈과 같고 긍정적인 생각은 깃털과 같다. 이 작업은 부정성을 줄이고, 긍정성은 늘이며, 결국 이 변화를 지속 가능하게 하기 위한 것이다. 저울의 기준점을 옮기기 위해서는 우선 중요한 기술을 강화해야 한다.

희망, 유능감, 회복 탄력성, 낙관주의라는 각 요소에 대한 탐구는 긍정적인 것을 상향조절하거나 부정적인 것을 하향조절하는 방식으로 감정적 조절을 이뤄낼 방법을 제공했다. PTG 탐구를 통해서는 비참한 상황 속에서도 믿을 만한 변화를 이끌어내는 법을 배웠다. 그렇다면 중요한 기술을 강화한다는 것은 무슨 의미이며, 또 어떻게 가능한 것인가? 지속 가능한 변화를 이끌어내는 검증된 방법 중 하나는 특정한 행동에 대한 열정을 이용하는 것이다.

조화로운 열정 이용하기

열정은 우리 삶에서 느낄 수 있는 강력하고 긍정적인 감정이다. 그런데 그것은 어떻게 작용하는가, 그리고 열정을 더 가지기 위해 우린 무엇을 할 수 있는가? 의욕과 추진력이 뛰어나다는 이유로 폭넓은 연구의 대상이 된 집단으로부터 많은 것을 배울 수 있다.

올림픽 출전 선수들이 열정을 키우는 방식은 이제 막 과학적으로 이해되기 시작했다. 연구에 따르면 열정은 올림픽 선수들(그리고 성공하기를 바라는 누군가)을 고군분투하게 만드는 핵심이다. 우리는 운동선수와 그 외 숙련된 퍼포머로부터 배울 수 있었다. 적절히 활용된 열정은 우리로 하여금 우리의 본모습 그리고 우리가 가장 잘 하는 것에 집중하게끔 만든다는 것을 말이다.

몬트리올 퀘벡 대학교의 밥 밸러랜드는 20년 이상 열정을 연구했고 남다른 통찰력으로 올림픽 위원회로부터 상을 타기도 했다. 그는 오랜 연구를 통해 열정이 어떻게 동기부여를 하며, 객관적인 성과 수준을 높이는지 설명할 수 있게 되었다.

열정적인 사람은 시간과 에너지를 투자하게 만드는 대상, 개념, 활동, 사람을 좋아했다(혹은 중요시했다). 즉 그들은 자신이 좋아하는 것, 함께 있고 싶은 사람을 생각하고 관계를 맺는다는 뜻이다. 열정적인 참여가 그들의 생활 방식에 뿌리박혀 있기 때문에 그것은 그들의 정체성의 일부가 되었다.

연구에 따르면 열정이 있는 사람은 꾸준히 연습에 참여하게 되고, 연습은 객관적으로 퍼포먼스의 향상을 가져오게 된다. 당신이 하는 일에 열정이 있다면, 당신은 의도적으로 그걸 더 자주 하게 된다. (음악 세계, 다른 직업이나 취미도 마찬가지지만) 스포츠 세계에서는, 더 많이 할수록 더 잘하게 된다.

열정은 더 나은 퍼포먼스라는 약속의 땅으로 당신을 데려다줄 수 있기는 하지만, 그 형태는 두 가지로 나뉜다. 바로 조화로운 열정 혹은 강박적인 열정이다. 하나는 다른 하나보다 훨씬 큰 희생을 나을 것이다. 그 이름에서 알 수 있듯, 조화로운 열정은 지금 당신의 모습, 당신이 되고 싶은 모습이 조화를 이루고 있다. 자율적이기 때문에 깊이 참여했다가도 멈출 수 있고, 일주일에 몇 시간씩, 종종 수년에 걸쳐 당신을 참여시킬 수 있다. 조화로운 열정은 당신이 원하는 것이다. 당신이 좋아하는 일을 할 때 당신은 충분히 빠져들게 되고, 이는 정체성의 자연스러운 확장을 이룬다. 무언가가 당신의 정체성이 되면, 그것은 당신의 자부심과 결합한다. 그러면 당신은 스스로에 대해 좋은 감정을 갖게 되고, 그 안에서 또 동기부여가 이어진다. 당신이 누구인지, 무엇을 원하는지, 무엇을 하고 있는지가 조화를 이룬다. 최적의 기능이 가능한 상태에서 당신은 흐름을 타게 되고, 활동은 그 자체로 가치를 지닌다. 조화로운 열정을 품은 행동을 하다 보면 당신은 충만해지고 앞으로 계속 전진할 수 있다. 이것이 우리가 삶에서 원하는 몰두와 환희의 단계이다.

반면 강박적인 열정은 느낌이 다르다. 당신이 하는 활동이 당신을 제한하고, 자신과 삶 간의 갈등을 야기한다. 적응이 힘든, 잠재적으로 적응이 불가능한 열정이다. 우리는 보상 때문에 강박적인 열정을 가지게 된다. 우리는 다른 사람을 기쁘게 하고, 상을 타고, 돈을 벌고, 트로피를 받고, 승진을 하고, 관계를 맺고 싶어 한다. 강박적인 열정을 골칫거리로 만드는 것은 그것이 우리 삶에 간섭하려는 경향이 있다는 점이다. 실제로 강박적인 열정을 가진 분야에서는 성공하면서도 다른 의미 있고 중요한 삶의 영역에서는 실패를 한 사람들이 있다. 그 열정에 뛰어들고 싶은 걷잡을 수 없는 충동이 생겨, 종종 다른 중요한 욕구를 해칠 수 있기 때문이다.

밸러랜드와 동료들은 당신의 열정이 조화로운지, 강박적인지에 따라 성취 과정도 달라질 수 있다고 말한다. 조화로운 사람은 일관되고 집중된 목표 달성 과정을 겪는다. 이는 내면 주도적 접근법이며, 꾸준한 연습은 기술을 터득하겠다는 욕망으로부터 나온다. 그리고 그 연습의 결과 객관적으로 더 나은 성과를 얻게 된다. 적응력이 매우 뛰어난 접근, 주관적인 웰빙을 증진시키는 접근이라 할 수 있다.

강박적인 열정을 가진 사람은 종종 성취 과정에서 갈등을 겪는다. 무언가를 성공해내려고 과한 노력을 하긴 하지만, 그 노력이 실패를 피하고 다른 사람들을 이기겠다는 부적응적 목표에서 나온 것일 수 있다. 강박적 열정을 가진 일 중독자 아빠는 가족을 무시한다. 일주일에 7일을 일하러 나가는 엄마는 부상을 당한다. 16살 아들은 중간고사 공부를 해야 할 때에 방에 틀어박혀 비디오 게임만 한다. 강박적 열정을 가진 사람들에게는 '끔' 버튼이 없다. 자기가 열정을 가지고 있는 일을 하고 있지 않으면, 잘못되었다고 느낀다. 자아 개념과 자부심이 고통받는다. 근본적으로 당신이 열정을 통제하거나, 열정이 당신을 통제하거나 둘 중 하나이다. 한 발짝 벗어날 수 있고, 벗어난 상태에서도 최선을 다할 수 있을 때 조화롭다고 할 수 있다.

심리적 자본, 조화로운 열정, 자부심, 정체성이 서로 밀접한 관계가 있다는 최근의 연구는 딱히 놀랍지도 않다. 심리적 자본이 풍부한 사람은 자기 주도적으로 움직이고 조화로운 열정을 가지고 있다. 그들은 자부심이 높고, 그렇기에 목적 달성에 유연하게 잘 적응한다. 지금까지 탐구한 개입 방법들이 당신이 갖고 싶은 종류의 열정을 가질 수 있게 도와준다.

조화로운 열정을 가질수록 그 결과 자갈돌과 깃털 저울의 기준점을 옮길 수 있다. 그러면 이런 궁금증이 생긴다. 조화로운 열정을 만들어 내는 것은 무엇인가, 그리고 그것이 긍정적인 감정을 낳는 데에 어떻게 도움을 주는가? 그럼 반대로, 강박적인 열정을 만들어 내는 것은 무엇인가, 그리고 강박적인 열정은 어떻게 부정적인 감정을 자아내는가? 새로운 연구 결과에 따르면 열정의 종류에 따라 긍정적인 감정 혹은 부정적인 감정이 증가하게 되고, 이 감정들은 또한 당신이 상황을 판단하는 방법에서 비롯된다.

챕터 4에서 탐구했던 위협 평가가 기억나는가? 우리가 무언가를 위협으로 인지하면, 이것이 우리의 반응 종류를 제한한다. 위협 평가는 공포를 유발시키고, 싸우거나, 도망치거나, 얼어붙는 등의 감정적인 반응을 제한하게 된다. 챕터 5에서 비관주의자와 낙관주의자의 차이를 알아볼 때도 같은 이야기를 했다. 비관주의자는 위협 평가를 하기 때문에 부정적인 감정을 갖게 되는데, 이는 강박적인 열정을 가진 사람도 마찬가지다. 강박적인 열정이 있는 사람은 실패의 공포, 우승하지 못하는 것에 대한 공포 때문에 위협 평가 아래에서 움직이게 되다

소화로운 열정은 회복 탄력성이 높고, 낙관주의적인 사람, PTG를

경험한 사람에게서 발견되기 쉽다. 무언가를 위협으로 바라보기보다는 도전으로 보기 때문이다. 도전 평가는 어떤 요구가 통제와 대응이 가능한 긍정적 기회로 평가될 때 일어난다. 도전 판단을 통해, 조화로운 열정은 긍정적인 감정에 영양분을 공급하고, 동시에 지금 진행 중인 어려움에 대응하는 능력을 제공한다. 이는 스티브 잡스가 말한 내용과 정확히 일치한다. '당신이 하기로 선택한 일은 당신이 열정을 가지고 있는 일일 것이다. 왜냐하면 그렇지 않다면 당신에겐 끝까지 이겨나갈 인내심이 없을 것이기 때문이다.'

탐구 당신의 열정 선택하기

당신은 어떤 일을 좋아하는가? 당신 삶의 열정이 어떤 종류인지 탐구해 보자. 다음을 읽고 노트에 생각을 적어보자.

당신의 깊은 관심을 이끌어내는 좋아하는 활동을 적어보자. 그 경험에 대해 생각나는 것을 모두 떠올린다. 다시 체험하듯 가능한 한 세세하게 적는 게 좋다. 당신이 거기에 참여할 때 어떤 느낌이 드는지에 특히 주의를 기울인다. 그리고 그 활동을 멈추거나 거리를 두었을 때 어떤 느낌인지도 적어보자. 다음은 대답을 떠올리며 자신에게 물어볼 수 있는 질문들이다.

1. 내 기분이 그 활동을 할 수 있는가에 달려 있는가?

2. 그 활동은 내가 좋아하는 나 자신의 특성을 반영하는가?
3. 그 활동을 통제하기 위하여 열심히 하는 것이 나의 필요에 의한 것인가?
4. 그 활동에서 계속해서 새로운 것을 찾아가고 있는가? 그래서 더 감사하게 생각하는가?
5. 그것 없이는 살 수 없는 기분이 드는가?
3. 그것은 다양한 경험을 하도록 허락하는가?

당신은 선택한 활동으로부터 무엇을 배웠는가? 다른 활동도 같은 방법을 거쳐 반성의 시간을 가져보자. 강박적인 열정을 가진 사람들은 홀수 번째 질문에 '그렇다'라고 대답했을 것이다. 조화로운 열정을 가진 사람은 짝수 번째 질문에 '그렇다'라고 했을 것이다.

당신의 열정이 강박적인 데에 더 가깝다면, 과학자들이 추천한 다음 방법을 시도해 보자. 위협 평가와 강박 충동의 고리를 끊을 수 있게 도와줄 것이다.

1. 휴식을 갖는다. 그 활동에 거리를 두는 스케줄을 미리 계획한다. 이런 변화로 어떤 기분이 들었는지, 어떻게 하면 거리 두기가 더 쉬워질지 노트에 적어본다.
2. 일은 직장에서만 한다. 당신이 강박적인 열정을 가졌다고 느낀다면, 일은 일터에 두고 와야 한다. 전화기는 꺼 두고 이메일에도 답

장하지 않는다. 만약 스스로 시간을 내지 않으면 계속해서 일에 쫓기게 되고, 결국 당신의 일은 위협 반응을 활성화할 것이다.

3. 생각을 바꿔라. '반드시 −해야 한다.' '필요하다' 같은 강박적 열정의 사고를 '원한다', '바란다' 같은 조화로운 열정의 사고로 의도적으로 변화시켜야 한다. 연구에 따르면 이런 의도적인 생각의 전환은 조화로운 열정과 자부심을 증가시킬 수 있는 잠재력을 가지고 있다고 한다.

4. 새로운 것을 시도하라. 당신의 흥미를 돋우고 참여를 유도하는 새로운 활동이 없는지 살펴보자. 이것이 안도감을 줄 수도 있고, 조화로운 열정에 불을 지필 수도 있다.

여기서 짚고 넘어가야 할 연구 결과는 PTG의 인지적, 감정적 특성은 두 종류의 열정 모두에 의해 촉진된다는 사실이다. 강박적이든 조화롭든 열정적인 행동 그 자체가 당신이 문제에서 벗어나 극복할 수 있게 도움을 준다는 것을 꼭 알아야 한다. 열정은 두 가지 상반된 진실(외상 사건에 의한 고통, 열정에의 투자)을 품고 있는 변증법적 과정에 뛰어들게 만들어준다. 강박적인 열정을 품고 있는 것이 아무것에도 열정이 없는 것보다는 낫다.

하지만 여기서는 조화로운 열정을 얻기 위한 과정에 집중하고 있다. 조화로운 열정은 더 많은 긍정성과 적은 걱정을 낳는 반면, 강박적인 열정은 더 많은 부정성, 많은 걱정과 관련 있기 때문이다. 열정은

PTG를 겪은 후의 웰빙 증진에 중요한 역할을 한다. 조화로운 열정은 이 여정을 즐거운 것으로 만들어 준다.

이제 저울을 긍정성 쪽으로 기울이게 되었다면, 마지막 챕터에서는 지금까지의 모든 탐구와 이론을 어떻게 한데 모을 수 있을지 알아보자.

챕터 7

번영하는 삶을 준비하라

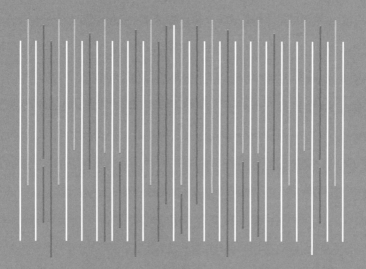

나는 당신이 행복할 때 그 사실을 알아차리기를,
소리를 지르거나 중얼거리기를 권한다.
그리고 어느 순간에는 이렇게 생각하기를 바란다.
'이게 좋은 게 아니라면, 뭐가 좋은 건지 모르겠어.'

– 커트 보니것

삶의 큰 고난을 겪었을 때, 난 긍정성의 과학과 그 적용에 깊이 빠지게 되었다. 그 결과 내가 생각하고, 느끼고, 행동하는 방식이 완전히 바뀌었다. 나는 급진적이고 영구적으로 변화했다. 하룻밤 사이에 그런 건 아니고 오랜 시간에 걸쳐 나는 성장하고, 진화했으며, 이전에는 전혀 몰랐던 방식으로 미래를 받아들이게 되었다. 새로운 에너지의 원천, 무엇이 가능한지에 대한 더 깊어진 시야, 다른 사람에게 영감을 불어넣어 그들이 변화를 일으킬 용기를 찾도록 해 주고 싶은 강력한 욕구가 그때부터 생겨났다.

난 여러분도 비슷한 기분을 느끼기를 바란다. 나의 경우에는 내면에서 번쩍 타오른 불꽃이 이런 변화를 가져왔다. 부디 당신도 내면의 변화를 느끼기를, 그리고 다른 사람들의 변화를 위해 도움을 주고 싶다는 욕망도 느끼기를 바란다. 틱낫한이 말한 것처럼 말이다. '밖으로 나가는 길은 안에 있다.'

나는 이 책을 통해 세 가지를 알려주고 싶다. 첫 번째는 희망이라는 새로운 과학을 소개하고, 유능감, 회복 탄력성, 낙관주의의 과학과 적용에 얼마나 큰 진전이 있었는지 그 새로운 정보를 알려주고 싶었다. 두 번째는 다양한 연구를 이해하고 그것을 실행에 옮길 수 있게 고안된 여러 가지 탐구 방법을 소개하고 싶었다. 이런 탐구는 감정을 조절하는 동시에 인식을 변화시키도록 돕는 경험을 제공한다. 지금까지 책을 읽으며 함께 탐구를 해 왔다면, 이미 눈에 띄는 긍정 효과를 느끼기 시작했는지도 모르겠다. 부디 그러길 바란다.

세 번째로 긍정 효과가 알려주는 것은 '준비된 상태'여야 한다는 점이다. 이는 지속적인 긍정적 변화의 발판을 마련하여 새로운 현실을 경험하게 해 준다. 좋은 일이 일어나려면 그러기 위한 준비가 되어있어야 한다. 그래야 어떤 일이 닥치더라도 만반의 준비가 되어있을 것이다.

준비 상태는 모든 훈련이 막바지에 접어들면 가능해진다. 당신이 스포츠 선수든 음악가든, 소방사든, 비행기 조종사든 상관없이, 지점장이 되거나, 운전면허를 따거나, 갤러리를 열거나, 치료사가 되거나, 훈련을 받거나 상관없이, 모두 준비가 되어있어야 한다. 마지막 챕터는 어떤 일이 일어나도 효과적으로 대응할 수 있도록 사전 숙고하는 법에 대해 알아보겠다.

긍정 효과는 멋진 삶을 준비하게 해 준다. 그렇다고 고군분투, 고통, 슬픔이 하나도 없는 삶을 말하는 것은 아니다. 어려움이 닥쳐도 진화할 수 있는, 대처할 수 있는 온전한 진심이 가득한 삶을 말한다. 나는

운 좋게도 사람들이 완전히 변신해서 살아가는 모습을 지켜볼 수 있는 위치에 있었다. 나는 긍정심리학과 희망의 치유력 강의를 하면서 학생들이 자신의 삶을 개선하는 법을 배울 수 있도록 가르쳤고, 그 과정에서 그들이 변화하는 모습을 실제로 목격했다. 수업, 담화, 워크숍 후, 나는 더 웰빙한 삶을 준비하기 위해 긍정성을 실천하려면 무엇부터 실천해야 할지 질문했다. 학생들의 반응이 당신의 반응과도 비슷하리라 기대한다. 여기 학생들이 중요하다고 꼽은 핵심 요점들을 정리해 보았다.

1. 갈등을 피하려 하지 말고, 직면하자.
2. 계속 반복되는 부정적인 생각에 당장 도전해라.
3. 반추는 모기에 물리는 것과 같아서 감염의 위험이 있다. 애초에 모기에 물리지 않도록 하라. 반추가 시작되는 때를 모기가 가까이 와서 윙윙거리는 소리를 낼 때라고 생각하라. 당장 모기를 잡아 죽이거나 살충제를 뿌리는 것이 가장 이롭다.
4. 양가감정, 불확실성, 부정성을 당신을 물리치려는 장애물이 아니라 성장에 도움이 되는 협력자라고 생각하라.
5. 살아가면서 최대한 많은 긍정성을 얻기 위한 방법을 찾자.
6. 기쁨은 우리 주변에 있다. 기쁨을 찾는 법을 배우면 더 많은 기쁨이 찾아오게 된다.
7. 긍정적이고 놀랍고 사랑스러운 순간을 기억해 두었다가, 일이 힘

들어질 때 그것들을 이용한다.

8. 자신의 힘으로 살아라.

9. 당신을 행복하게 하는 일을 하라 그리고 다른 사람도 그렇게 되도록 도와라.

10. 자신이 대접받고 싶은 대로 남을 대접하라. 남에게 당하고 싶지 않은 일은 당신도 남에게 하지 말라.

11. 세상의 평화는 당신 마음속 평화에서 시작한다.

12. 환경이 나를 정의하지 않는다, 환경은 나를 드러낸다. (제임스 알렌의 말)

13. 때로는 아무것도 하지 않는 것에 큰 노력이 필요하다.

14. 힘든 상황에서 느끼는 불안은 행동이 필요하다는 뜻이다.

15. 늘 웰빙해야 하는 것은 아니지만 그렇다고 늘 비참해야 하는 것도 아니다.

16. 미소와 찌푸림 사이에서 선택해야 한다면, 기억되고 싶은 모습을 선택하라.

17. 누군가의 삶에 먹구름보다는 한 줄기 햇빛이 되고 싶다.

18. 당신의 숨을 조이는 사람 말고, 당신에게 영감을 주는 사람 곁에 있으라.

19. 사랑과 희망은 동사이다.

20. 자기 연민은 다른 사람에게 친절할 수 있도록 자기 자신에게 친절한 것을 말한다.

앞선 챕터들에서는 주요 내용의 구체적인 개요와 계획을 다루었으며, 여러 단계가 쌓여 누적될 수 있도록 의도했다. 자갈과 깃털이라는 단순한 개념에서 시작해, 외상 후 성장과 조화로운 열정 같은 더 복잡한 반응과 과정까지 살펴보았다. 훈련은 주변의 평화와 기쁨을 알아채는 것, 즉 바깥에서부터 시작하여 곤란한 감정을 유지하는 것, 즉 내면으로 이동했다. 각각의 탐구는 준비된 상태를 갖추는 데 필요한 일련의 기술들이었다. 당신은 왁스 바르기, 왁스 닦기부터 시작해 최종 결승전까지 왔다.

하지만 진정한 변화가 일어나는 게 쉽지 않다는 걸 알고 있다. 우리는 생각, 감정, 행동의 습관을 다 바꾸고 있지만, 그러다 보면 우리 신경계와 마음으로부터 반발이 일어날 수밖에 없다. 여기 예를 들어보겠다.

탐구 변화 촉진하기

손을 앞으로 뻗고 팔꿈치는 몸에 붙인 다음, 엄지손가락끼리 1인치 정도 거리를 둔 채 손가락을 펼친다. 이제 다른 사람에게 인사를 하듯이 양손을 흔든다. 그리고 천천히 왼쪽 손만 속도를 늦춘다.

이 과정을 경험해 보고 그 내용을 적어보자. 처음에는 좀 혼란스럽고 힘들었을 것이다. 왼쪽 손이 오른쪽 손과 다른 행동을 하는 건 쉽지가 않다. 하지만 계속 하다 보면 놀라운 일이 일어난다. 아주 적은 노력으로도 이 동작이 가능해진다.

이 경험을 노트에 적어보자. 처음 동작을 조절하려 할 때, 조금씩 성공할 때, 완전히 익숙해졌을 때 어땠는가? 대부분이 2분 안에 동작을 성공시키는데, 당신은 어땠는가?

이 탐구는 신경계가 새로운 자극에 일방적으로 반응하도록 조직되고 설계되었음을 보여준다. 즉 무언가 새로운 것에 맞닥뜨렸을 때, 우리는 어떻게 정제된 반응을 보여야 할지 모른다는 뜻이다. 우리가 그것을 자각하고, 주의하고, 반응을 해야 그 과정을 조절하고 통제할 수 있는 방법이 나온다는 말이다.

1~2분 동안 연습을 하다 보면, 왼손만 느리게 움직여야 한다는 구체적인 의도에 주의를 집중함으로써 의식적으로 양손의 반응을 다르게 할 수 있게 된다. 아주 구체적인 목표에 주의를 기울임으로써 자기 조절을 이루어낼 수 있다.

당신의 주의를 감정적 자기 조절이라는 목표에 집중시키는 것, 이것이 바로 당신이 긍정 효과를 배우며 하고 있는 일이다. 더불어 새로운 것을 배울 때마다 새로운 도전이 따라온다. 그러면 기본적으로 계속해서 신경 써야 하는 것은 큰 힘을 들이지 않고도 자연스럽게 이뤄낼 수 있다.

난 쉽게 왼손의 속도를 늦출 수 있다. 연습을 해 왔기 때문이다. 난 준비가 되어있는 상태이다. 당신의 변화를 세상에 내놓을 준비를 갖추다 보면, 당신도 준비된 상태가 될 것이다.

새로운 기술과 파도타기

앞선 여섯 챕터는 서로가 서로의 발판이 되도록 설계된 일련의 기술과 원칙이 포함되어 있다. 그것들은 무작위로 구성된 것이 아니다. 오히려 과학과 경험에 근거하여 어떻게 변화가 일어나는지 보여주는 체계를 나타낸다. 앞선 챕터들은 긍정 효과를 일깨우기 위해 필요한 자각과 역량 개발에 근거하여 정리가 되어 있기 때문에, 각각의 섹션이 제공하기로 되어있던 원칙과 능력을 지금 다시 한번 되새기는 게 좋을 것 같다.

서핑을 해본 적이 있다면, 어떤 가르침과 원칙이 요구되는지 알 것이다. 서핑보드에 올라탄 채 속도를 높이기 위해 파도를 타는 기술과 보드에 올라가 걸터앉아 있는 기술은 완전히 다르다. 처음엔 보드 위에 납작 누워 있는 것부터 시작해, 파도가 치는 곳으로 헤엄쳐 나가고, 보드 위에 앉아서 균형을 잡고, 방향을 틀고, 보드에 익숙해진 후에야 속도를 높이기 위해 패들링을 한다.

여기까지 할 수 있게 되면 기본 기술 자체가 변화한다. 이제 당신은 보드 위에 폴짝 올라타, 균형을 잡아야 하고, 파도 끝에 올라타야 한다. 마지막으로 파도가 연안에 와서 잦아들면 급히 파도 뒤로 빠지는 킥 아웃도 배워야 하고, 파도가 부서지는 곳에서는 뒤로 비켜나는 법도 배워야 한다. 그리고 다시 나갈 준비를 하는 것이다.

이 책의 챕터 구성은 서핑을 배우는 것과 비슷하다. 이제 혼자 파도를 타러 나갈 준비가 되었다면, 지금까지의 여정, 지금까지 배운 기술들을 간략하게 되짚어보도록 하자.

이 책을 시작할 때, 우리는 정신 건강과 웰빙 관련 과학의 현주소와 전망을 살펴보았다. 부정적인 증상을 줄이기 위해 설계된 다양한 치료 옵션에도 이득이 있기는 하지만, 높은 재발률로 보건대 이런 치료가 오래가지는 못한다는 사실에 주목하면서 문제점을 지적했다. 부정적인 생각을 줄이는 것을 목표로 한 최고의 항우울제와 항불안제, 가장 효과적인 심리요법도 절반의 성공밖에 이루지 못했다.

하지만 연구에 따르면 증상을 줄이려는 노력과 긍정적인 감정을 늘리려는 노력이 결합되면 재발 방지에 큰 도움이 되는 것으로 알려졌다. 가장 효과적인 긍정적 개입은 심리적 자본으로 알려진 요소(희망, 유능감, 회복 탄력성, 낙관주의 통칭 HERO)로부터 나온다. 이 특성들은 부정적인 생각의 되풀이를 막는다. 긍정 효과가 제안하는 해결책은 지금까지 나온 심리요법과 약물로부터 얻을 수 있는 최선을 얻고 거기에 새로운 접근법을 추가하는 것이다.

부정적 생각을 줄이고 긍정적 생각을 늘리는 쪽으로 저울을 기울이기 위해서, 나는 자갈과 깃털 비유를 내놓았다. (부정성 편향 때문에) 부정적인 생각은 긍정적인 생각보다 훨씬 무게가 많이 나간다는 걸 보여주기 위해서였다. 저울을 기울이기 위한 자세한 방법은 희망, 유능감, 회복 탄력성, 낙관주의 챕터들에 나와 있다.

챕터 1에서, 더 많은 긍정성을 발견하는 핵심 방법은 인식을 변화시키는 것이라는 사실을 배웠다. 그리고 그러기 위해서는 세상을 바라보는 새로운 습관을 개발할 필요가 있었다. 긍정적 감정으로 저울을 기울이기 위해, 당신은 깃털의 수를 많이 늘리고, 자갈돌의 숫자는 줄이며, 새로운 습관의 핵심 기술을 익혀 긍정성 쪽으로 기준점을 옮겨야 한다.

이 과정을 시작하기 위해, 우리는 당신의 마음속에 있는 부정적인 생각과 긍정적인 생각의 균형을 탐구했다. 당신의 인식을 바꾸는 작업을 통해 긍정적인 생각과 부정적인 생각의 비율을 계산할 수 있었다. 주변의 평화와 기쁨을 알아차리는 연습은 긍정적인 기억을 촉발시켜, 긍정적 감정을 늘려주었다. 〈베스트 키드〉에서 왁스를 바르고, 왁스를 닦는 연습으로 근육 기억을 발전시켰듯이 똑같은 방법으로 지각과 감정 기술을 연습할 수 있었다. 인식의 전환이 기본 기술이다. 마치 높이 솟았다 부서지는 파도 앞에서는 서핑보드와 함께 뒤로 물러나는 법을 배우는 것과 같다.

챕터 2에서는 심리적 자본의 첫 번째 요소, 희망을 소개했다. 희망은 긍정적 감정 중 유일하게 불확실성이나 부정성의 활성화를 필요로 한다. 희망은 낙관주의나 종교적 믿음과는 다르다. 희망은 긍정적인 미래가 가능하다는 믿음과 그 결과에 대한 욕망이 결합된 것이다. 반면 낙관주의는 (당신이 통제할 수는 없겠지만) 미래가 괜찮을 것이라는 보편적인 감정이며 종교적 믿음은 당신보다 더 위대한 무언가가 미래에 영향을 줄 것이라는 신념이다.

불확실성에 대한 인내력 부족(불확실한 상황에 부정적으로 반응하려는 경향)은 불안과 반추의 주된 원인이다. 그것은 불확실성과 그것에 대한 우리의 해석이 서로 결합하는 기회이기도 하다. 그러면서 의미가 만들어지고 그 사건은 지각적 갖춤새에 의해 영향을 받는다. 이미 무언가를 특정한 방식으로 바라볼 준비가 되어있다는 뜻이다.

이 부분은 잠재력이 있는 좋은 파도 찾는 법을 배우는 것과 같다. 당신은 파도와 당신의 기술을 종합적으로 판단해 결정을 내린다. 너무 큰 파도와 심하게 변변치 않은 기술이 만나면 끔찍한 일이 벌어질 수 있다. 이를 설명하기 위해 13이라는 문자를 두 가지 맥락에서 보여주어, 보는 이의 시각에 따라 서로 다르게 해석될 수 있음을 증명했다.

파괴적인 반추는 불확실성에서 나온다. 그러니 당신의 불확실성을 다른 지각적 갖춤새로 바라볼 수만 있다면 당신은 불확실성을 견디고, 불안과 반추를 덜 겪을 수 있을 것이다. 자동차 바퀴를 정렬하듯 당신이 가진 기술과 불안감을 달성 가능한 목표에 일치시킬 수 있을 때, 당신은 반추의 파괴력을 동기 유발로 전환시킬 수 있다. 당신의 인식이 기분에 영향을 주고, 당신의 기분이 인식에 영향을 준다는 걸 경험하게 되면 대처 능력은 발전할 것이다. 좋건 나쁘건 기분과 관점은 인식을 변화시킬 것이다. 서퍼는 파도 그 자체로 좋은 파도인지 나쁜 파도인지 판단하지 않는다. 그 파도에 올라타는 데 필요한 기술 수준을 보고 결정한다.

긍정 효과를 통해 당신의 반추가 점점 더 심각해지는 것을 막으면,

대신 미래가 더 나을 것이라는 기대감을 품을 수 있다. 부정적인 기분이 인식에 영향을 끼치는 것을 막고, 대신 긍정적인 기분이 생겨나도록 돕는다. 미래를 통제하는 데에 직접적으로 도움이 될 거라고 믿는 일을 했기 때문에, 당신은 희망을 가질 가능성이 더 높다. 숙련된 서퍼는 파도 속에서 두려움뿐만 아니라 잠재력을 본다. 당신은 생각하는 방식을 바꿀 수 있다.

챕터 3에서는 유능감, 자신감, 인식을 살펴보았다. 당신의 뇌가 검색 엔진처럼 작동한다는 개념을 가지고 디폴트 네트워크에 대해 배웠다. 당신은 검색하고 싶은 내용을 더 구체적으로 생각해야 한다. 그렇지 않으면 대상에 대해 구체적일 필요가 있다. 그렇지 않으면 검색 엔진은 우리가 원하는 바를 추측할 것이고, 그 추측은 가장 손쉬운 것을 기본으로 이루어진다. 우리는 뇌가 구체성과 긍정성을 가지고 검색하도록 만들어야 한다. 당신의 하루는 당신이 답을 어떻게 찾느냐에 따라 멋져 보일 수도 끔찍해 보일 수도 있다.

폭풍우가 지나간 후 숙련된 서퍼는 물에 들어가지만, 초보자는 자신감이 없다. 당신이 반추를 계속하면 디폴트 네트워크는 생각의 고리 안에 갇혀버린다. 이 생각의 고리는 현재에만 집중하게 만들고, 계속해서 자전적인 정보만 보여준다. 하지만 이제 당신은 스스로 스위치를 찾아 누르는 법을 배우고, 현재와 과거에만 머무르지 않고 미래에 집중하는 법을 알기에 유능함을 느낄 수 있다.

좋은 서퍼는 더 어려운 파도를 찾아 나설 때 실력이 더 나아진다. 이런 말도 있지 않는가. '나는 믿는다, 고로 나는 성취한다. 그리고 나는 성취한다, 고로 나는 믿는다.' 이를 통해 당신은 긍정적 감정의 상호 관계에 뛰어들 수 있고 자신감과 유능감을 쌓을 수 있다. 무언가를 성취하기 위해서는, 그것이 가능하다고 믿어야 한다. 그리고 일단 성취를 하게 되면, 그것은 또 해낼 수 있다는 느낌을 심어준다.

자신감에는 지속성이 있다. 가능하리라 믿었던 일을 성취하면 자신감이 강화된다.

우리의 노력이 영향력을 가지면, 그 영향력은 또 노력을 뒷받침한다. 이것은 자기 관리 문제에 있어서 가장 확실하고 분명하게 드러난다. 자기 자신을 잘 관리하면 기분이 좋아지고, 기분이 좋아지면 다시 자기를 잘 관리하고 싶어지며 자신감과 유능감을 갖도록 가르친다. 당신은 긍정성을 통해 자신감을 쌓을 수 있다. 자애 명상을 할 때처럼 부정적인 생각을 떨쳐내고 긍정적이고 애정 어린 생각 쪽으로 방향을 트는 것이다. 긍정적인 감정을 품게 되는 것, 애정을 가지고 있는 것을 생각하고 상호작용하다 보면 긍정 공명을 경험하게 된다. 서퍼들이 자기가 탔던 성공적인 파도를 떠올리는 것과 마찬가지다.

챕터 4에서는 당신이 미래의 가능성, 잠재력, 숨어있는 위험을 상상할 수 있다는 사실을 알아보았다. 이는 아마도 당신의 의식 중에서 가장 역동적이고 건설적인 특징일 것이며, 당신이 어떻게 반응할지 선택할 수 있다는 점에서 매우 중요하다. 그것은 회복 탄력성의 핵심이다. 기대감이 엇나갔을 때 당신은 막연히 상상만 하고 있지 않고, 다른 대안적인 가능성을 떠올리고 평가한다. 당신의 마음은 GPS가 달린 내비게이션과 같아서 장애물이 생겼을 때는 다른 길을 찾는다.

서퍼는 물속에 있는 사람들을 의식하고 자신의 움직임을 조정한다. 상황의 재평가는 두 가지 필수적인 특성을 통해 좌절에 대처할 수 있는 능력을 알려준다. 과거에 다양한 좌절을 잘 다룬 경험, 그리고 '유연한 자기 조절'이라고도 알려진 사고의 적응성이 바로 그것이다.

기대가 가로막혔을 때 사람들은 불평형을 느끼고 자기 조절을 통해 평형 상태로 돌아가려 한다. 당신은 의식적으로 재판단을 하고 새로운 선택이 실행되게 한다. 회복 탄력성이 유연한 사고방식을 이용할 때, 당신은 뒤로 물러나기만 하는 게 아니라 앞으로 튀어 나갈 수 있다. 서퍼는 계속해서 잠재적인 장애물 주변에서 움직이면서도 균형을 잡으며 파도 에너지를 이용한다. 이 챕터는 잠시 멈춤(재평가)을 이용해 탄력적으로 반응하는 법, 유연한 마음가짐을 계발하는 법을 가르쳐 주었다.

챕터 5에서는 어떻게 해서 낙관주의를 통해 미래에 대한 긍정적인 감정을 갖는지 자세히 살펴보았다. '가능한 최고의 자신'과 인터뷰를 해봄으로써 당신이 닮고 싶은 사람의 감정과 지혜를 직접적으로 마주할 수 있었다. 더불어 영구적, 개인적, 확산적 측면에서 낙관주의와 비관주의의 차이를 비교하여 낙관주의가 이미 일어난 일을 설명할 때뿐만 아니라 앞으로 다가올 일을 생각할 때도 영향을 끼친다는 사실을 알려주었다. 비극적 낙관주의 특히 힘든 시간과 환경 속에서 낙관적인 마음가짐 키우는 법을 알려주었다. 숙련된 서퍼는 앞바다에 허리케인이 닥쳤다는 소식을 들어도 잠수복을 꺼내 다음날 서핑을 할 준비를 한다.

챕터 6은 긍정의 방향으로 저울을 기울일 수 있는 지속적인 방법을 알아보았다. 자기 조절이라는 핵심 기술을 발전시켜 좋은 감정의 지속 가능성을 보장하는 것이다. 긍정성을 품고 있으면, 감정 조절과 저울 균형 맞추기에 도움이 될 만한 행동을 하게 될 뿐만 아니라, 계속해서 긍정성을 유지할 수 있는 있게끔 행동하게 된다. 서퍼들도 성공하지 못했을 때 다른 사람들의 기술을 관찰하고, 과거 자신의 성공과 실패로부터 가르침을 얻어 계속해서 도전을 시도한다.

WOOP 기법에서는 목표를 방해하는 장애물의 처리 전략에 집중했다. 이 접근법은 심리적 자본의 구성 요소들을 종합적으로 사용할 수 있게 했고, 결국 감정 조절에 미치는 영향을 더욱 키워주었다. 외상후 성장(PTG)를 통해서는 잠재적 외상 사건에 노출되는 것이 몇몇 사람에게는 좌절을 줄 수도 있다는 걸 배웠다. 하지만 또 어떤 사람에게는 그런 사건의 경험이 미래에 대해 생각하는 계기, 앞으로 그런 사건에 어떻게 적응할지 고민하는 계기가 된다는 될 수도 있었다. 비극적 사건은 자신의 삶에 더 감사한 마음을 가지게 하고, 더 커진 자신감과 함께 더 따뜻하고 친밀한 인간관계를 가능하게 한다.

이런 탐구 과정을 통해, 여러분은 견디기 힘든 감정에 압도당하는 대신 그 감정을 견디는 법을 배웠다. 그리고 그 감정을 마주할 때 성장이 가능하다. PTG를 위해 당신은 상반된 두 생각(취약함과 강인함)을 동시에 인식하는 변증법적 사고를 이용할 수 있다.

조화로운 열정을 동기로 삼은 자기 주도적 접근은 어떠한 노력도 강화할 수 있다. 실패를 피하고 다른 사람들을 이기겠다는 부적응적 목표(강박적인 열정)에 의해 움직이는 게 아니라면, 그리고 어떤 기술을 완전히 터득하기 위해 열심히 연습을 계속한다면, 당신은 객관적인 퍼포먼스 향상을 손에 넣을 수 있다. 이는 적응력이 매우 뛰어난 접근, 주관적인 웰빙을 증진시키는 접근이라 할 수 있다. 뛰어난 서퍼는 파도와 여러 조건이 제시하는 도전을 그대로 받아들인다. 이 챕터에서는 또한 당신의 열정이 어떤 종류인지 알아보았고 조화로운 열정을 키우려면 어떻게 해야 하는지 배웠다.

이제 이번 챕터에서는 알 수 없는 상황에 대비하는 법을 배워볼 예정이다. 서핑보드를 가지고 새로운 목적지로 여행을 계획하는 순간이라고 할 수 있겠다.

HERO라는 공구 상자 사용하기

최근의 흥미로운 연구는 우리가 본능적으로 알고 있는 것을 알려준다. 바로 행복한 사람들은 미소를 짓고 장난스럽게 행동하고, 쾌활한 성향을 가지며, 보다 긍정적인 감정을 즐기고, 그들의 행운을 음미하고 돌아보며, 행복하지 않은 사람은 비난하고, 죄책감을 느끼고 드러내며, 자주 화가 난 듯 보인다는 사실 말이다. 우리들 모두 주변에 행복한 사람들이 많기를 바라는 건 당연한 일이다. 개인적으로 바라는 자신의 모습이 있는가? 어떠한 개인적 진화를 이루고 싶은가? 도움이 될 만한 심리적 자본의 요소를 도표로 정리해 보았다. 이 도표는 사고 습관과 바라던 효과 사이의 관계에 주목한다. 이 도표는 (어떠한 사고 습관이 바라던 효과를 낼 수 있는지 그 잠재력을 설명하는) 서술적인 방식으로 사용할 수도 있고, (바라던 효과가 있을 때 그걸 얻기 위해서는 어떤 사고 습관을 선택해야 할지 고르는) 처방적 방식으로 사용할 수도 있다.

심리적 자본	사고 습관	바라던 효과
희망	미래를 통제하기 위해 무엇을 믿을지 선택한다	주체 의식과 통제
유능감	과거의 성공을 이용한다	자신감
회복탄력성	현재 유연한 사고방식을 계발한다	준비된 상태와 용기
낙관주의	과거를 설명하고 미래를 기대하는 방식을 전환시킨다	균형감과 확실성

심리적 자본의 핵심은 상황을 좀 더 긍정적으로 만들기 위해 필요한 것이 무엇인지 아는 것이다. 당신은 HERO 공구 상자를 가지고 와서 준비하고 있다가 원하는 방향으로 상황을 전환시키기 위해 필요한

것을 사용하면 된다. 다음 질문들은 부정적인 반응을 줄이고 긍정적인 반응을 늘리는 데 도움을 줄 수 있다.

- 처음 겪은 좌절에서 나는 어떻게 긍정성을 찾을 수 있는가?
- 더 힘든 상황이 왔을 때 어떻게 더 준비를 할 수 있을까?
- 나의 긍정적 감정을 어떻게 더 심화시킬까?

당신에겐 변화를 위해 필요한 도구가 있기에, 익숙해질 때까지 그 도구를 사용해야 한다. 기술을 연마하는 사람들은 우선 기본 기술부터 배워 나간다. 그러다 그 기술이 완전히 자기의 정체성이 되었을 때 기술을 향상시킨다. 마찬가지로 나는 『긍정 효과』의 기술이 여러분의 일부가 되기를 바란다. 스스로 더 희망적이고, 유능하며, 회복 탄력성 있고, 낙관적인 사람이라고 생각할 때, 당신은 더욱 행복해질 것이다. 그리고 다른 사람들이 행복해질 수 있게 영감을 줄 수 있을 것이다.

균형 잡힌 공포감 유지하기

부정적인 상태에서는 선택지가 사라진다. 그리고 가장 최우선적으로 부정성을 일으키는 감정은 바로 공포이다. 공포는 사람을 위축시키고, 제한하고, 근본적인 생존 외 다른 선택지에는 눈이 멀게 만든다. 공포는 당신의 집중을 방해하고, 선택에 한계를 두며, 당신의 모든 에너지(투쟁-도피-경직 반응)를 비난하고, 도피하고, 정지하는데 써 버린다. 공포가 핵심 감정이 되어버리면 그저 생존하는 것 외의 다른 선택지는 없어진다. 이런 방식으로 행동하면 궁지에서 벗어날 수 있을까? 그럴 수 있을 것이다. 그럼 번영하고 번창할 수 있을까? 그럴 리 없을 것이다.

공포는 위협 평가에서 나온다. 관찰하는 높은 자아는 당신이 균형을 이루고 있는지 주시하고 확인한다. 예를 들어 호랑이가 실제로 나타났을 때(또는 호랑이가 나타났다고 평가를 할 때), 위협 평가는 공포 반응을 촉발한다. 그 순간, 우리의 선택지는 매우, 매우 제한된다. 공격할까, 후퇴할까, 죽은 척할까?

공포 반응이 끊임없이 촉발될 때, 공포 반응을 디폴트로 여길 때, 저울은 한 곳으로 기운다. 이 지점에서 당신은 한계와 갑갑함 그리고 희망, 유능감, 회복 탄력성, 낙관주의의 부족을 느낄 수 있다. 공포는 심리적 자본의 적이다.

위협받는다는 느낌에서 오는 이 공포감은 포식자와 곤경으로부터 자신의 몸을 지키려는 마음과 깊은 관련이 있다. 상황을 정확하게 판단하는 능력, 무엇이 위협이 될 수 있는지 계속 경계를 게을리하지 않는 능력이 필수이며, 그 반응으로 방어 태세를 작동시킬 줄 알아야 위험을 감수하는 것도 가능해 진다.

하지만 당신이 위험도 평가를 내리는 능력이 그리 뛰어나지 못하다면 어떤 일이 벌어질까? 실제보다 이 세상에 더 많은 위험이 도사리고 있다고 느껴진다면 어떨까? 위협 반응이라는 명목 아래 당신이 하는 모든 행동은 오로지 생존을 위한 것에 국한될 것이다. 그러면 당신의 몸은 지속적인 생존 반응 상태에 돌입하게 되고, 이는 시간이 갈수록 타격이 생기게 마련이다. 가끔씩 등장하는 위협에 대응하는 비상 시스템은 위험으로부터 벗어나기 위한 것이지 삶의 방식이 될 수는 없기 때문이다.

타이어에 펑크가 나서 임시 스페어타이어를 사용한 적 있는가? 그렇다면 스페어타이어는 정말 임시로 쓰는 것이지 펑크 난 타이어의 대체품이 될 수 없다는 말을 들어보았을 것이다. 잠시 곤란으로부터 벗어나기 위한 것, 임시방편일 뿐이라는 이야기다. 일단 안전한 곳으로 차를 옮기고 나면 손상된 타이어는 수리를 받거나 새것으로 교체해야 한다.

당신의 위협 반응은 차 트렁크에 싣고 다니는 스페어타이어와 비슷하다. 늘 가지고 다니긴 하지만 정말로 비상 상황에서만 사용해야 한다는 이야기다. 잠시 상황을 모면한 다음에는 필요할 때까지 다시 트렁크에 넣어 두어야 한다.

스페어타이어를 싣고 다니면 한결 든든한 마음으로 여행을 할 수 있다. 비상 상황에 준비가 되어있다는 것만으로 모험에 뛰어들 자신감을 가질 수 있다. 심리적 자본이 충분한 사람들은 자기 삶에서 특정 요소들에 주의를 기울인다. 그들은 지금 상황을 자기에게 더 유리하게 인식하지만, 그렇다고 그들이 직면한 문제를 무시하지는 않는다. 그들은 문제를 해결할 준비가 되어있다고 느낀다. 그들은 과거에 성공적으로 헤쳐나갔던 경험이 있기에 지금의 문제도 이겨내고 성공할 수 있으리라 믿는다. 그들은 감정적으로 스페어타이어에 해당하는 것을 가지고 있기 때문에 편안하게 여행을 할 수 있다. 그들은 잠재적인 어려움을 인지함으로써, 성공을 준비한다.

하지만 너무 많은 것들을 위협으로 해석하게 되면, 실제로 제대로 된 반응이 필요한 진짜 위협이 닥쳤을 때 그걸 알아차릴 능력을 잃게 된다. 감정적 자기 조절이 웰빙의 핵심이 된 이유도 이 때문이다. 너무나 쉽게 위협감을 느끼게 되면, 세상 모든 게 걱정거리가 될 수는 없다는 사실을 깨닫기까지 시간이 걸릴 수 있다. 더불어 우리가 진심으로 중요하게 생각하고 관심을 가져야 할 것은 긍정적인 현실이다.

당신이 위협을 도전으로 인식한다면, 더 많은 선택지를 만날 수 있다. 공교롭게도 심리적 자본을 위한 역량을 향상시키는 최고의 방법은 당신에게 기쁨을 준 일들을 음미하는 것이다. 좋은 일이 일어나면, 그것을 오랫동안 지속시켜라.

탐구 감사함을 넘어 과거 음미하기

챕터 3에서, 디폴트 네트워크를 통해 하루를 바라보고, 감사의 렌즈를 통해 하루를 바라보는 경험을 권한 적이 있다. 여기서는 이 경험을 인정하고 강조하는 것을 넘어, 음미하는 것을 목표로 하고 있다.

매일 매일은 요구와 방해로 가득 차 있다. 그것은 일부 관련이 있을 수 있고, 일부 무작위이며, 일부 예측하지 못한 것들도 있다. 하지만 확신할 수 있는 한 가지는 매일 우리는 여러 가지 요구를 받게 되며, 그 요구들 중 많은 수가 우리를 방해하거나 장애물을 내놓는다는 것이다.

어제 하루를 생각하면서, 당신이 경험한 요구의 목록을 적어보자. 여기 샘플로 내 것을 보여주겠다.

1. 내 파트너가 아파서 응급 수술을 받아야 했다.
2. 원고 마감일이 있는데 기한을 맞추기 힘들 것 같다.
3. 화상 강의 관련 바뀐 방침이 있었다.
4. 샤워실이 새서 식당 탁자 위로 물이 떨어졌다.
5. 한 달 동안 기다렸던 자동차 부품이 도착했는데 맞지가 않았다.
6. 주차 딱지를 받았다.
7. 다른 사람과 제출해야 할 보고서가 있는데 그 사람이 아파서, 내가 끝내야 할 것이다.

그럼 이제 어제 하루 동안 당신에게 기쁨을 주었던 일들의 목록을 작성해 보자. 역시 샘플로 나의 목록을 공개한다.

1. 파트너의 수술이 다른 합병증 없이 쉽게 끝났다.
2. 유명한 팟캐스트에 초대되어 내 글쓰기에 대해 이야기 하게 되었다.
3. 내가 좋아하는 TV 쇼에서 새로운 에피소드 2개를 공개했다.
4. 기계와 관련해서는 재주가 하나도 없는데도 불구하고 직접 야외 장식품에 난 금을 메꿨다.
5. 몇 달 전 썼던 기사가 드디어 출간되었다.
6. 멋진 명상을 통해 새로운 통찰력을 얻었다.

두 번째 목록의 항목들을 다시 읽으며 그걸 경험했을 때의 느낌을 되살려보자. 당신을 기쁘게 한 순간, 그 감정은 자신감이었나? 기쁨? 평화로움? 깊은 감사? 만족감? 그 순간을 떠올리며 충분히 오랫동안 그 감정을 다시 만끽하고 다음 감정으로 넘어가자.

직접 음미한 그 감정을 간단하게 요약해서 적어보자. 무엇이 당신을 변화시켰는지 기록한다. 내가 쓴 글은 다음과 같다.

어쩐지 어제의 감정을 음미하는 동안 생겨난 복합적인 느낌은 나로 하여금 성취감, 자신감, 안도감, 기쁨, 감사함이 느끼게 했다. 오래도록 여운이 남는 이 느낌은 그날 일어난 잠재적 위협을 무색하게 만들었던 것 같다. 앞으로 그런 일이 생기면 더 잘 처리할 수 있을 것 같다는 느낌이 든다.

이 음미하기 연습과 감사 연습을 매일 함께하자. 늘 그날의 요구부터 시작해 그날의 기쁨으로 끝을 맺는 것이다. 이 연습은 당신의 관점을 변화시킨다. 왜냐하면 긍정성이 확인되고, 확장되고, 당신의 사고안에서 더 중요한 역할을 맡게 되었기 때문이다. 이것은 위협의 감지에 과하게 집중하는 증상을 완화시키고, 방해와 좌절을 도전으로 바꾸어놓는다. 이런 식으로 긍정적인 것을 떠올리고 음미함으로써, 어려운 상황을 예전과는 다른 방식으로 평가하는 능력도 강화된다.

당신의 과거를 들여다봄으로써 무엇이 당신을 활기차게 하고, 동기를 부여하고, 생동감 있게 만드는지 이해하게 되면, 미래의 성공을 위한 원형을 파악할 수 있다. 예전에 당신을 풍요롭게 했던 감정이 미래의 성장을 위해 심어야 할 씨앗이다. 해바라기가 끝없이 꽃을 피우기 위해 씨앗을 품고 있듯이, 각각의 긍정적인 경험은 미래 웰빙의 씨앗을 품고 있다. 무엇이 미래의 당신을 충족시킬 수 있을지 알고 싶다면, 과거에 무엇이 효과가 있었는지 돌아보아야 한다. 좋은 것을 경험하고 그것이 당신에게 영향을 줄 때까지 시간을 들일 때, 긍정적인 감정은 잘 키워낸 씨앗이 된다. 긍정성을 음미하는 과정은 씨앗에 비료를 주고, 물을 주고, 영양분을 주는 과정과 같다. 충분히 음미된 긍정적인 감정은 그 영향력을 확장시키고 더 많은 수확이 가능하도록 발판을 마련한다.

이 과정을 이해하기 위해서는 해바라기 씨앗이 어떻게 수확되는지를 알아야 한다. 아름답게 빛나는 해바라기, 생동감의 상징 그 자체도 시간이 지나면 시들기 시작한다. 꽃의 에너지가 사그라지기 시작할 때, 뒷면은 황갈색으로 변하고 씨앗 주변의 작은 꽃잎은 말라서 떨어진다. 이런 건조 과정 후 성숙한 씨앗이 드러나며, 이를 수확해서 키우면 다시 새로운 성장 과정이 이어진다.

긍정적인 감정도 해바라기와 비슷하게 영원하지 않다. 활짝 꽃피우고 번창했다가도 곧 시들어, 다시 새로운 긍정성을 꽃피우도록 씨앗을 드러낸다. 당신은 이제 내일의 웰빙의 씨앗을 어디에서 찾아야 하는지 알고 있다. 바로 당신이 번영하고 번창했던 순간이다. 당신이 참으로 아름다운 기쁨과 긍정성을 경험했던 그때. 그때를 기억하는 과정 속에 미래를 위한 잠재력이 숨어있다.

앞으로 나아가기 : 장미, 가시 그리고 꽃봉오리

나는 당신이 이 책을 통해 경험한 놀라운 성과를 지지하고 싶다. 그리고 긍정 효과를 가장 중요한 위치에 가져다 놓기 위한 기술 한 가지를 마지막으로 소개하려 한다. 이 기술은 우리의 생각과 관점을 균형 있게 유지하는 데에 도움을 주는 것으로, 수년간 수업과 워크숍에서 사용해 왔다.

장미는 긍정적인 경험이며, 가시는 도전, 꽃봉오리는 곧 일어날 좋은 일이다. 이 이미지는 지금 진행 중인 모든 일에는 좋은 것, 힘든 것, 잠재적인 것이 뒤섞여 있다는 사실을 강조한다. 가시와 꽃이 동시에 존재한다는 걸 인식하게 하는 것이 바로 이 균형감이다.

하루가 끝날 때, 주말에, 또는 정기적으로 적어도 하나 이상의 장미, 즉 지금 일어나고 있는 좋은 일을 다른 사람과 나누어라. 이는 자존심, 성취, 인정, 기쁨, 만족의 원천이 될 수 있다. 장미를 볼 때 갖게 되는 감정과 더불어 장미의 모양새를 세세하게 묘사하자. 다시 말하기 역시 좋은 경험을 음미하는 기회가 된다. 당신의 이야기를 들은 사람이 그들의 장미도 함께 나눈다면, 질문과 호기심으로 흥미를 보여라. 그들이 좋은 경험을 다시 체험할 수 있게 도와라. 그러면 그들도 긍정성을 음미할 수 있게 된다.

그런 다음 당신 삶의 가시에 대해 이야기를 나눈다. 무슨 일이 일어나고 있는지, 일어났는지, 그리고 당신은 거기에 대처하기 위해 어떤 전략을 쓰고 있는지 말해 본다. 상대의 가시를 다 듣고 난 뒤에는 상대가 피드백을 원하는지 언제나 질문한다. 그 상황에는 무엇이 필요한 것 같다며 요청하지도 않은 조언을 해주는 행동을 자청하지 말라. 지금은 공감하는 듣기의 기회이다. 당신의 가시를 상대방과 공유할 때도, 조언을 원하는지 아니면 그저 들어주기만을 원하는지 파트너에게 미리 알려주도록 하자. 원하는 바를 미리 표현하면 필요한 걸 얻을 수 있는 기회가 더 커진다.

마지막으로, 꽃봉오리, 곧 일어날 좋은 일에 대해 이야기해 보자. 곧 일어날 일을 음미하면 미래에 닥칠 긍정적인 감정을 현재에까지 확장시킬 수 있으며, 그 순간을 충분히 즐길 수 있게 해 준다. 또한 파트너와 잠재적 기쁨을 공유할 수도 있다.

긍정 효과의 측면에서 보면, 이 기술은 당신의 삶 속 가시를 장애물이 아닌 도전으로 보게 만들어주며, 현재에 존재하는 그리고 미래에 다가올 긍정적인 감정을 더해주며, 결국 저울을 긍정적인 방향으로 기울게 만들 것이다.

이 책에서의 경험을 바탕으로 당신의 삶에도 좋은 일이 생기기를 바란다. 나의 바람은 앞으로 매일 당신의 삶 속 조약돌이 줄어드는 것 대신 어마어마한 양의 깃털이 쌓이는 것이다.

감사의 말

나는 세 살 때부터 작가가 되고 싶었다. 나는 작가의 삶이 너무나 아름다워 보였고, 어릴 적부터 그 방향으로 내 삶을 끌고 나갔다. 지금까지 도움을 주신 분들이 정말 많다. 덕분에 안전하게 성장할 수 있는 환경을 만들어 내 어린 꿈을 실현시킬 수 있었다. 모두들 영감을 주고 길잡이가 되어주었다. 다들 헤아릴 수 없는 도움을 주었고, 각기 다른 각자의 방식으로 내 글쓰기를 개선시켰다. 그들이 있어서 나는 더 좋은 사람이 될 수 있었다.

위대한 스승님을 가질 수 있어서 얼마나 운이 좋은지 모르겠다. 마티 셀리그먼, 제임스 파웰스키, 안젤라 더크워스, 애덤 그랜트가 나의 심리학적 호기심과 창작 욕구를 일깨워 주었다. 더불어 엄청난 역량을 가진 본보기로서 나를 이끌어 주었다. 스콧 배리 카우프만, 라이언 니믹, 캐런 웰런 베리, 밥 맥그래스, 타이얍 라시드, 스티브 레벤설과 교류하게 된 것도 역시 행운이었다. 모두들 긍정심리학이 활기를 띠게 만든 유일무이한 응용연구원들이다. 이 모든 교사들과 인플루언서들은 자신들의 기술과 친절함을 이용해 내가 응용심리학 분야에서 작가가 될 수 있게 비전을 제공하고 길을 터준 놀라운 분들이다. 이 중에서도 최고는 뉴욕시 컬럼비아 대학교 교육대학원 내 영성심체연구소 설립자이자 교수인 리사 밀러 박사이다. 그녀는 격려, 지원, 믿음을 통해 내 안의 정신적, 초월적 관계를 일깨웠다. 그녀는 그러한 각성이 어떻게 영성의 과학과 긍정심리학의 적용에 사용될 수 있는지 그 본보기를 보여준다.

기획자인 웬디 마일스틴, 제니 가리발디부터 편성과 개발 편집자 제니퍼 홀더, 그리고 케일럽 벡워드, 테자 왓슨까지 모든 New Harbinger의 편집부원이 대단한 모습을 보여주었다. 매번 그들의 격려와 제안, 걱정이 나의 글을 향상시켰고, 아이디어가 막혔을 때 도움을 주었다. 그들은 글쓰기의 헌신적인 수호자들이며, 그들을 나의 팀으로 만난 게 얼마나 행운인지 모른다.

마지막으로 나와 가장 가까운 사람들, 조엘과 마릴린 모르고프스키가 있다. 평생 친구인 그들은 그 존재만으로 내게 변함없는 보물이다. 소중한 친구 제니퍼 코리와 로코 모론지엘로는 내가 이 책을 쓰는 동안 이웃이 되어 주었다. 이제 내가『긍정 효과』초안이나 다른 아이디어를 가지고 그들 집 문간에 찾아가지 않으니, 이제 그들도 휴식을 취할 수 있으리라.

나의 딸, 데본 토마술로 박사는 내 창의력의 선동자이자 끊임없는 격려의 원천이다. 그녀와 사위, 스펜서 펫로우는 4살도 안 된 두 손자와 풀타임 직장 일로 바쁜 시절을 보내고 있다. 그럼에도 언제나 이 아빠를 위해 시간을 내서 '페이스타임'으로 첫 손자 칼, 첫 손녀 조세핀과 만날 수 있게 해 준다. 이 책은 다 그들 덕분이다.『긍정 효과』를 위한 새롭고 창의적인 방법의 모색은 모두 조세핀과 칼의 세대에 달려 있을 것이다.

나의 사랑, 나의 뮤즈, 나의 파트너 안드레아 쉭스는 매일 창의적인 아이디어와 애정이 끊이지 않는 사람이다. 안드레아는 치료사이자 전문 배우, 교수로서 과학과 창의력이 뒤섞이는 데 필요한 환경과 애정 어린 분위기를 제공해 주었다. 그녀가 나에게 준 사랑과 긍정성을 나도 그녀에게 줄 수 있기를 바랄 뿐이다.

주석 및 참고자료

Chapter 1

—Kassebaum, N. J., M. Arora, R. M. Barber, J. Brown, & A. Roy. 2016. "Global, Regional, and National Disability—Adjusted Life—Years (D.A.L.Y.S) for 315 Diseases and Injuries and Healthy Life Expectancy (HALE), 1990 – 2015: A Systematic Analysis for the Global Burden of Disease Study 2015." The Lancet 388(10053): 1603 – 1658.

—Anxiety and Depression Association of America. n.d. "Anxiety Disorders—Facts & Statistics." Accessed November 13, 2022. https://adaa.org/understanding—anxiety/facts—statistics.

—Anxiety and Depression Association of America. "Anxiety Disorders—Facts & Statistics."

—Anxiety and Depression Association of America. "Anxiety Disorders—Facts & Statistics.

—Dibdin, E. 2021. "9 Unusual Anxiety Symptoms You Might Not Know About," Psych Central, July 6, 2021. https://psychcentral.com/anxiety/unusual—anxiety—symptoms—you—might—not—know—about.

—Wallis, K. A., M. Donald, & J. Moncrieff. 2021. "Antidepressant Prescribing in General Practice: A Call to Action." Australian Journal of General Practice 50(12): 954 – 956.

—Takayanagi, Y., A. P. Spira, O. J. Bienvenu, R. S. Hock, M. C. Carras, W. W. Eaton, et al. 2014. "Antidepressant Use and Lifetime History of Mental Disorders in a Community Sample: Results from the Baltimore Epidemiologic Catchment Area Study." The Journal of Clinical Psychiatry 76(1): 40 – 44.

—Kirsch, Irving. 2019. "Placebo Effect in the Treatment of Depression and Anxiety." Frontiers in Psychiatry 10: 407.

—Wallis, Donald, & Moncrieff. "Antidepressant Prescribing in General Practice."

—Longo, L. P., & B. Johnson. 2000. "Addiction: Part I. Benzodiazepines—Side Effects, Abuse Risk, and Alternatives." American Family Physician 61(7): 2121.

—McLaughlin, M. n.d. "Anxiety and Depression: Why Don't We Want to Take Medication?" Heartgrove Behavioral Health System. Accessed November 13, 2022. https://www.hartgrove hospital.com/anxiety—depression—dont—want—take—medication.

—Chekroud, A. M., D. Foster, A. B. Zheutlin, D. M. Gerhard, B. Roy, N. Koutsouleris, & J. H. Krystal. 2018. "Predicting Barriers to Treatment for Depression in a U.S. National Sample: A Cross—Sectional, Proof—of—Concept Study." Psychiatric Services 69(8): 927 – 934.

—Levy, H. C., E. M. O'Bryan, & D. F. Tolin. 2021. "A Meta—Analysis of Relapse Rates in Cognitive—Behavioral Therapy for Anxiety Disorders." Journal of Anxiety Disorders 81: 102407.

—Levy, H. C., K. T. Stevens, & D. F. Tolin. 2022. "Research Review: A Meta – Analysis of Relapse Rates in Cognitive Behavioral Therapy for Anxiety and Related Disorders in Youth." Journal of Child Psychology and Psychiatry 63(3): 252 – 260.

—Ali, S., L. Rhodes, O. Moreea, D. McMillan, S. Gilbody, C. Leach, et al. 2017. "How Durable Is the Effect of Low—Intensity C.B.T. for Depression and Anxiety? Remission and Relapse in a Longitudinal Cohort Study." Behaviour Research and Therapy 94: 1 – 8.

—Otto, M. W., R. K. McHugh, & K. M. Kantak. 2010. "Combined Pharmacotherapy and

Cognitive-Behavioral Therapy for Anxiety Disorders: Medication Effects, Glucocorticoids, and Attenuated Treatment Outcomes." Clinical Psychology: Science and Practice 17(2): 91 – 103.

-Lynch, D., K. R. Laws, & P. J. McKenna. 2010. "Cognitive Behavioural Therapy for Major Psychiatric Disorder: Does It Really Work? A Meta-Analytical Review of Well-Controlled Trials." Psychological Medicine 40(1): 9 – 24.

-Levy, O'Bryan, & Tolin. "A Meta-Analysis of Relapse Rates in Cognitive-Behavioral Therapy for Anxiety Disorders."

-Rashid, T., & M. K. A-H. Baddar. 2019. "Positive Psychotherapy: Clinical and Cross-Cultural Applications of Positive Psychology." In Positive Psychology in the Middle East/ North Africa, edited by L. Lambert & N. Pasha-Zaidi. Springer Nature Switzerland.

-Bahadur, N. 2020. "What Is Resilience, and Can It Help Us Bounce Back from This?" Self, May 28, 2020. https://www.self.com/story/what-is-resilience.

-Nabizadeh, R., N. Ensanimehr, & S. Ehsani. 2019. "Investigating the Impact of the Achievement Motivation on Psychological Well-Being by Investigating the Mediating Role of Ego Strength and Psychological Capacity." Razi Journal of Medical Sciences 26(1): 68 – 77.

-Luthans, F., K. W. Luthans, & B. C. Luthans. 2004. "Positive Psychological Capital: Beyond Human and Social Capital." Business Horizons 47(1): 45 – 50.

-Luthans, F., & C. M. Youssef-Morgan. 2017. "Psychological Capital: An Evidence-Based Positive Approach." Annual Review of Organizational Psychology and Organizational Behavior 4: 339 – 366.

-Luthans, Luthans, & Luthans. "Positive Psychological Capital."

-Belil, F., F. Alhani, A. Ebadi, & A. Kazemnejad. 2018. "Self-Efficacy of People with Chronic Conditions: A Qualitative Directed Content Analysis." Journal of Clinical Medicine 7(11): 411.

-Tseng, J., & J. Poppenk. 2020. "Brain Meta-State Transitions Demarcate Thoughts across Task Contexts Exposing the Mental Noise of Trait Neuroticism." Nature Communications 11(1): 1 – 12.

-Harris, R. 2008. The Happiness Trap: How to Stop Struggling and Start Living. Boston: Trumpeter Books.

-Cohn, M. A., B. L. Fredrickson, S. L. Brown, J. A. Mikels, & A. M. Conway. 2009. "Happiness Unpacked: Positive Emotions Increase Life Satisfaction by Building Resilience." Emotion 9(3): 361 – 368.

-Veilleux, J. C., N. M. Lankford, M. A. Hill, K. D. Skinner, K. D. Chamberlain, D. E. Baker, et al. 2020. "Affect Balance Predicts Daily Emotional Experience." Personality and Individual Differences 154(109683).

-Mochon, D., M. I. Norton, & D. Ariely. 2008. "Getting Off the Hedonic Treadmill, One Step at a Time: The Impact of Regular Religious Practice and Exercise on Well-Being." Journal of Economic Psychology 29(5): 632 – 642.

-van Cappellen, P., E. L. Rice, L. I. Catalino, & B. L. Fredrickson. 2018. "Positive Affective Processes Underlie Positive Health Behavior Change." Psychology & Health 33(1): 77 – 07.

Chapter 2

-Quirin, M., R. C. Bode, & J. Kuhl. 2011. "Recovering from Negative Events by Boosting

Implicit Positive Affect." Cognition & Emotion 25(3): 559 – 570.

-Valkov, P., & T. Stoeva. 2017. "The Role of Faith and Optimism in Coping with Stress." Psychology – Theory & Practice 3.

-Dursun, P. 2021. "Optimism, Hope and Subjective Well-Being: A Literature Overview." Çatalhöyük Uluslararası Turizm ve Sosyal Araştırmalar Dergisi (6): 61 – 74.

-Paul Victor, C. G., & J. V. Treschuk. 2020. "Critical Literature Review on the Definition Clarity of the Concept of Faith, Religion, and Spirituality." Journal of Holistic Nursing 38(1): 107 – 113.

-Luo, S. X., F. Van Horen, K. Millet, & M. Zeelenberg. 2020. "What We Talk about When We Talk about Hope: A Prototype Analysis." Emotion 22(4): 751 – 768.

-Huang, T. Y., V. Souitaris, & S. G. Barsade. 2019. "Which Matters More? Group Fear versus Hope in Entrepreneurial Escalation of Commitment." Strategic Management Journal 40(11): 1852 – 1881.

-Tu, M., F. Wang, S. Shen, H. Wang, & J. Feng. 2021. "Influences of Psychological Intervention on Negative Emotion, Cancer-Related Fatigue, and Level of Hope in Lung Cancer Chemotherapy Patients Based on the Perma Framework." Iranian Journal of Public Health 50(4): 728 – 736.

-Sieben, N. 2018. "Hope in Education." In Writing Hope Strategies for Writing Success in Secondary Schools. Boston: Brill Sense.

-Cherrington, A. M. 2018. "Research as Hope-Intervention: Mobilising Hope in a South African Higher Education Context." South African Journal of Education 38(4): 1 – 9.

-Freire, P. 2021. Pedagogy of Hope: Reliving Pedagogy of the Oppressed. London: Bloomsbury Publishing.

-Munoz, R. T., S. Hoppes, C. M. Hellman, K. L. Brunk, J. E. Bragg, & C. Cummins. 2018. "The Effects of Mindfulness Meditation on Hope and Stress." Research on Social Work Practice 28(6): 696 – 707.

-Madden, W., S. Green, & A. M. Grant. 2011. "A Pilot Study Evaluating Strengths-Based Coaching for Primary School Students: Enhancing Engagement and Hope." International Coaching Psychology Review 6(1): 71 – 83.

-Cheavens, J. S., & M. M. Guter. 2018. "Hope Therapy." In The Oxford Handbook of Hope, edited by M. W. Gallagher & S. J. Lopez. New York: Oxford University Press.

-van Zomeren, M., I. L. Pauls, & S. Cohen-Chen. 2019. "Is Hope Good for Motivating Collective Action in the Context of Climate Change? Differentiating Hope's Emotion-and Problem-Focused Coping Functions." Global Environmental Change 58: 101915.

-Leontopoulou, S. 2020. "Hope Interventions for the Promotion of Well-Being Throughout the Life Cycle." In Oxford Research Encyclopedia of Education, edited by R. Papa. New York: Oxford University Press.

-Gallagher, M. W., L. J. Long, & C. A. Phillips. 2020. "Hope, Optimism, Self-Efficacy, and Posttraumatic Stress Disorder: A Meta-Analytic Review of the Protective Effects of Positive Expectancies." Journal of Clinical Psychology 76(3): 329 – 355.

-Luo, Van Horen, Millet, & Zeelenberg. "What We Talk about When We Talk about Hope: A Prototype Analysis."

—Tomasulo, D. 2020. Learned Hopefulness: The Power of Positivity to Overcome Depression. Oakland, CA: New Harbinger Publications.

—Landy, R. J. 1996. Persona and Performance: The Meaning of Role in Drama, Therapy, and Everyday Life. New York: Guilford Press.

—Stein, M. B., & J. Sareen. 2015. "Generalized Anxiety Disorder." New England Journal of Medicine 373(21): 2059–2068.

—Bomyea, J., H. J. Ramsawh, T. M. Ball, C. T. Taylor, M. P. Paulus, A. J. Lang, et al. 2015. "Intolerance of Uncertainty as a Mediator of Reductions in Worry in a Cognitive Behavioral Treatment Program for Generalized Anxiety Disorder." Journal of Anxiety Disorders 33: 90–94.

—Gentes, E. L., & A. M. Ruscio. 2011. "A Meta-Analysis of the Relation of Intolerance of Uncertainty to Symptoms of Generalized Anxiety Disorder, Major Depressive Disorder, and Obsessive– Compulsive Disorder." Clinical Psychology Review 31: 923–933.

—Bruner, J. S., & A. L. Minturn. 1955. "Perceptual Identification and Perceptual Organization." Journal of General Psychology 53: 21–28.

—Watkins, E. R. 2008. "Constructive and Unconstructive Repetitive Thought." Psychological Bulletin 134(2): 163–206.

—Watkins, E. R., & H. Roberts. 2020. "Reflecting on Rumination: Consequences, Causes, Mechanisms and Treatment of Rumination." Behaviour Research and Therapy 127: 103573.

—Pérez-Fuentes, M. d. C., M. d. M. M. Jurado, Á. M. Martínez, & J. J. G. Linares. 2020. "Threat of COVID-19 and Emotional State during Quarantine: Positive and Negative Affect as Mediators in a Cross-Sectional Study of the Spanish Population." PLOS ONE 15(6): e0235305.

—Algorani, E. B., & V. Gupta. 2022. "Coping Mechanisms." In StatPearls. Tampa, FL: StatPearls Publishing.

—Fredrickson, B. L., & T. Joiner. 2018. "Reflections on Positive Emotions and Upward Spirals." Perspectives on Psychological Science 13(2): 194–199.

Chapter 3

—Buckner, R. L., & L. M. DiNicola. 2019. "The Brain's Default Network: Updated Anatomy, Physiology and Evolving Insights." Nature Reviews Neuroscience 20(10): 593–608.

—Kaiser, R. H., M. S. Kang, Y. Lew, J. Van Der Feen, B. Aguirre, R. Clegg, et al. 2019. "Abnormal Frontoinsular–Default Network Dynamics in Adolescent Depression and Rumination: A Preliminary Resting-State Co-activation Pattern Analysis." Neuropsychopharmacology 44(9): 1604–1612.

—Reiss, S. 1991. "Expectancy Model of Fear, Anxiety, and Panic." Clinical Psychology Review 11(2): 141–153.

—Duong, C. D. 2021. "The Impact of Fear and Anxiety of COVID-19 on Life Satisfaction: Psychological Distress and Sleep Disturbance as Mediators." Personality and Individual Differences 178: 110869.

—Arslan, G., M. Yıldırım, A. Tanhan, M. Buluş, & K. A. Allen. 2021. "Coronavirus Stress, Optimism–Pessimism, Psychological Inflexibility, and Psychological Health: Psychometric

Properties of the Coronavirus Stress Measure." International Journal of Mental Health and Addiction 19(6): 2423–2439.

—Liu, J., W. Wang, Q. Hu, P. Wang, L. Lei, & S. Jiang. 2021. "The Relationship between Phubbing and the Depression of Primary and Secondary School Teachers: A Moderated Mediation Model of Rumination and Job Burnout." Journal of Affective Disorders 295: 498–504.

—Buckner, R. L. 2013. "The Brain's Default Network: Origins and Implications for the Study of Psychosis." Dialogues in Clinical Neuroscience 15(3): 351–358.

—Buckner. "The Brain's Default Network: Origins and Implications for the Study of Psychosis."

—Portocarrero, F. F., K. Gonzalez, & M. Ekema–Agbaw. 2020. "A Meta–Analytic Review of the Relationship Between Dispositional Gratitude and Well–Being. Personality and Individual Differences 164: 110101.

—Fredrickson, B. L. 2004. "Gratitude, Like Other Positive Emotions, Broadens and Builds." The Psychology of Gratitude 145: 166. New York: Oxford University Press. —Watkins, P. C., R. A. Emmons, & M. E. McCullough. 2004. "Gratitude and Subjective Well–Being." In The Psychology of Gratitude, edited by R. A. Emmons & M. E. McCullough. New York: Oxford University Press.

—Watkins, Emmons, & McCullough. "Gratitude and Subjective Well–Being."

—Wikipedia. n.d. "If You're Happy and You Know It." Last modified December 2022. https://en.wikipedia.org/wiki/If_You %27re_Happy_and_You_Know_It.

—Honicke, T., & J. Broadbent. 2016. "The Influence of Academic Self–Efficacy on Academic Performance: A Systematic Review." Educational Research Review 17: 63–84.

—Bandura, A. 1977. "Self–Efficacy: Toward a Unifying Theory of Behavioral Change." Psychological Review 84(2): 191–215.

—Hsu, D. K., K. Burmeister–Lamp, S. A. Simmons, M. D. Foo, M. C. Hong, & J. D. Pipes. 2019. "'I Know I Can, but I Don't Fit': Perceived Fit, Self–Efficacy, and Entrepreneurial Intention." Journal of Business Venturing 34(2): 311–326.

—Bender, A., & R. Ingram. 2018. "Connecting Attachment Style to Resilience: Contributions of Self–Care and Self–Efficacy." Personality and Individual Differences 130: 18–20.

—Parks, S., M. D. Birtel, & R. J. Crisp. 2014. "Evidence That a Brief Meditation Exercise Can Reduce Prejudice toward Homeless People." Social Psychology 45: 458–465.

—Johnson, D. P., D. L. Penn, B. L. Fredrickson, A. M. Kring, P. S. Meyer, L. I. Catalino, et al. 2011. "A Pilot Study of Loving–Kindness Meditation for the Negative Symptoms of Schizophrenia." Schizophrenia Research 129(23): 137–140.

—Carson, J. W., F. J. Keefe, T. R. Lynch, K. M. Carson, V. Goli, A. M. Fras, et al. 2005. "Loving–Kindness Meditation for Chronic Low Back Pain Results from a Pilot Trial." Journal of Holistic Nursing 23(3): 287–304.

—Schure, M. B., T. L. Simpson, M. Martinez, G. Sayre, & D. J. Kearney. 2018. "Mindfulness–Based Processes of Healing for Veterans with Post–Traumatic Stress Disorder." The Journal of Alternative and Complementary Medicine 24(11): 1063–1068.

—Ratner, P. 2017. "Scientists Discover How Meditation Changes the Brain." Big Think, October 10, 2017. https://bigthink.com/paul–ratner/scientists–discover–how–meditation–

changes—the—brain.

—Roca, P., G. Diez, R. J. McNally, & C. Vazquez. 2021. "The Impact of Compassion Meditation Training on Psychological Variables: A Network Perspective." Mindfulness 12(4): 873–888.

—Shahar, B., O. Szepsenwol, S. Zilcha—Mano, N. Haim, O. Zamir, S. Levi—Yeshuvi, et al. 2015. "A Wait—List Randomized Controlled Trial of Loving—Kindness Meditation Programme for Self—Criticism." Clinical Psychology & Psychotherapy 22(4): 346–356.

—Danucalov, M. A., E. H. Kozasa, R. F. Afonso, J. C. Galduroz, & J. R. Leite. 2017. "Yoga and Compassion Meditation Program Improve Quality of Life and Self—Compassion in Family Caregivers of Alzheimer's Disease Patients: A Randomized Controlled Trial." Geriatrics & Gerontology International 17(1): 85–91.

—Roca, Diez, McNally, & Vazquez. "The Impact of Compassion Meditation Training on Psychological Variables."

—Fredrickson, B. L., & T. Joiner. 2018. "Reflections on Positive Emotions and Upward Spirals." Perspectives on Psychological Science 13(2): 194–199.

—Fredrickson, B. L., A. J. Boulton, A. M. Firestine, P. Van Cappellen, S. B. Algoe, M. M. Brantley, et al. 2017. "Positive Emotion Correlates of Meditation Practice: A Comparison of Mindfulness Meditation and Loving—Kindness Meditation." Mindfulness 8(6): 1623–1633.

—Fredrickson, B. L., M. A. Cohn, K. A. Coffey, J. Pek, & S. M. Finkel. 2008. "Open Hearts Build Lives: Positive Emotions, Induced through Loving—Kindness Meditation, Build Consequential Personal Resources." Journal of Personality and Social Psychology 95(5): 1045–1062.

—Luberto, C. M., N. Shinday, R. Song, L. L. Philpotts, E. R. Park, G. L. Fricchione, et al. 2018. "A Systematic Review and Meta—Analysis of the Effects of Meditation on Empathy, Compassion, and Prosocial Behaviors." Mindfulness 9(3): 708–724.

—Van Cappellen, P., L. I. Catalino, & B. L. Fredrickson. 2020. "A New Micro—Intervention to Increase the Enjoyment and Continued Practice of Meditation." Emotion 20(8): 1332–1343.

—Major, B. C., K. D. Le Nguyen, K. B. Lundberg, & B. L. Fredrickson. 2018. "Well—Being Correlates of Perceived Positivity Resonance: Evidence from Trait and Episode—Level Assessments." Personality and Social Psychology Bulletin 44(12): 1631–1647.

—Zhou, J., M. M. Prinzing, K. D. Le Nguyen, T. N. West, & B. L. Fredrickson. 2021. "The Goods in Everyday Love: Positivity Resonance Builds Prosociality." Emotion 22(1): 30–45.

—Talsma, K., B. Schüz, R. Schwarzer, & K. Norris. 2018. "I Believe, Therefore, I Achieve (and Vice Versa): A Meta—Analytic Cross—Lagged Panel Analysis of Self—Efficacy and Academic Performance." Learning and Individual Differences 61: 136–150.

—Fredrickson & Joiner. "Reflections on Positive Emotions and Upward Spirals."

—Fredrickson & Joiner. "Reflections on Positive Emotions and Upward Spirals."

—Harms, P. D., L. Brady, D. Wood, & A. Silard. 2018. "Resilience and Well—Being." In Handbook of Well—Being, edited by E. Diener, S. Oishi, & L. Tay. Salt Lake City: DEF Publishers.

Chapter 4

-Kiken, L. G., & N. J. Shook. 2011. "Looking Up: Mindfulness Increases Positive Judgments and Reduces Negativity Bias." Social Psychological and Personality Science 2(4): 425 – 431.

-Harms, Brady, Wood, & Silard. "Resilience and Well-Being."

-Roepke, A. M., & M. E. Seligman. 2016. "Depression and Prospection." British Journal of Clinical Psychology 55(1): 23 – 48.

-Seligman, M. E., P. Railton, R. F. Baumeister, & C. Sripada. 2013. "Navigating into the Future or Driven by the Past." Perspectives on Psychological Science 8(2): 119 – 141.

-Baumeister, R. F., H. M. Maranges, & H. Sjåstad. 2018. "Consciousness of the Future as a Matrix of Maybe: Pragmatic Prospection and the Simulation of Alternative Possibilities." Psychology of Consciousness: Theory, Research, and Practice 5(3): 223 – 238.

-Kiken & Shook. "Looking Up: Mindfulness Increases Positive Judgments and Reduces Negativity Bias."

-Zandonella, C. 2017. "Brain's 'GPS' Does a Lot More than Just Navigate." Princeton University, March 30, 2017. https://www.princeton.edu/news/2017/03/30/brains-gps-does-lot-more -just-navigate.

-Bonanno, G. A. 2021. "The Resilience Paradox." European Journal of Psychotraumatology 12(1): 1942642.

-Captari, L. E., S. A. Riggs, & K. Stephen. 2021. "Attachment Processes Following Traumatic Loss: A Mediation Model Examining Identity Distress, Shattered Assumptions, Prolonged Grief, and Posttraumatic Growth." Psychological Trauma: Theory, Research, Practice, and Policy 13(1): 94 – 103.

-Chopra, D. 2004. The Spontaneous Fulfillment of Desire: Harnessing the Infinite Power of Coincidence. New York: Harmony Books.

-Labouvie-Vief, G. 2015. "Equilibrium and Disequilibrium in Development." In Integrating Emotions and Cognition Throughout the Lifespan. Switzerland: Springer International.

-Bonanno, G. A. 2005. "Resilience in the Face of Potential Trauma." Current Directions in Psychological Science 14(3): 135 – 138.

-Bonanno. "The Resilience Paradox."

-Bonanno, G. A. 2021. The End of Trauma: How the New Science of Resilience Changes How We Think About PTSD (1st ed.). New York: Basic Books.

-Bonanno. The End of Trauma.

-Stevenson, J. C., A. Millings, & L. M. Emerson. 2019. "Psychological Well-Being and Coping: The Predictive Value of Adult Attachment, Dispositional Mindfulness, and Emotion Regulation." Mindfulness 10(2): 256 – 271.

-Mohr, C., S. Braun, R. Bridler, F. Chmetz, J. P. Delfino, V. J. Kluckner, et al. 2014. "Insufficient Coping Behavior under Chronic Stress and Vulnerability to Psychiatric Disorders." Psychopathology 47(4): 235 – 243.

-Kiken & Shook. "Looking Up: Mindfulness Increases Positive Judgments and Reduces Negativity Bias."

-Stevenson, Millings, & Emerson. "Psychological Well-Being and Coping: The Predictive Value of Adult Attachment, Dispositional Mindfulness, and Emotion Regulation."

−Ryan, R. M., & E. L. Deci. 2000. "Self−Determination Theory and the Facilitation of Intrinsic Motivation, Social Development, and Well−Being." American Psychologist 55(1): 68 – 78.
−Bonanno. The End of Trauma.
−Niemiec, R. 2016. "A Mindful Pause to Change Your Day." VIA Institute on Character, April, 25, 2016. https://www.viacharacter.org/topics/articles/a−mindful−pause−to−change−your−day#:~:text=How%20to%20Do%20a%20Mindful,I%20bring%20forward%20right%20now%3F.
−Niemiec, R. M., & R. Pearce. 2021. "The Practice of Character Strengths: Unifying Definitions and Principles and Exploring What's Soaring, Emerging, and Ripe with Potential in Science and Practice." Frontiers in Psychology 11: 590220.
−Tomasulo, D. 2020. Learned Hopefulness: The Power of Positivity to Overcome Depression. Oakland, CA: New Harbinger Publications.
−Peterson, C., & M. E. Seligman. 2004. Character Strengths and Virtues: A Handbook and Classification (vol. 1). American Psychological Association; Oxford University Press.
−https://www.viacharacter.org.
−Ivtzan, I., R. M. Niemiec, & C. Briscoe. 2016. "A Study Investigating the Effects of Mindfulness−Based Strengths Practice (MBSP) on Well−Being." International Journal of Wellbeing 6(2): 1 – 13.
−Bretherton, R., & R. M. Niemiec. 2019. "Mindfulness−Based Strengths Practice (MBSP)." In Handbook of Mindfulness−Based Programmes, edited by I. Ivtzan. Milton Park, UK: Routledge.
−Whelan−Berry, K., & R. Niemiec. 2021. "Integrating Mindfulness and Character Strengths for Improved Well−Being, Stress, and Relationships: A Mixed−Methods Analysis of Mindfulness−Based Strengths Practice." International Journal of Wellbeing 11(1): 36 – 50.

Chapter 5

−Scheier, M. F., & C. S. Carver. 2018. "Dispositional Optimism and Physical Health: A Long Look Back, a Quick Look Forward." American Psychologist 73(9): 1082 – 1094.
−Rozanski, A., C. Bavishi, L. D. Kubzansky, & R. Cohen. 2019. "Association of Optimism with Cardiovascular Events and All−Cause Mortality: A Systematic Review and Meta−Analysis." JAMA Network Open 2(9): e1912200.
−Eva, N., A. Newman, Z. Jiang, & M. Brouwer. 2020. "Career Optimism: A Systematic Review and Agenda for Future Research." Journal of Vocational Behavior 116(B): 103287.
−Rand, K. L., M. L. Shanahan, I. C. Fischer, & S. K. Fortney. 2020. "Hope and Optimism as Predictors of Academic Performance and Subjective Well−Being in College Students." Learning and Individual Differences 81: 101906.
−Rozanski, A., J. A. Blumenthal, K. W. Davidson, P. G. Saab, & L. Kubzansky. 2005. "The Epidemiology, Pathophysiology, and Management of Psychosocial Risk Factors in Cardiac Practice: The Emerging Field of Behavioral Cardiology." Journal of the American College of Cardiology 45(5): 637 – 651.
−Duckworth, A. 2016. Grit: The Power of Passion and Perseverance. New York: Scribner.
−Fredrickson, B. L., & T. Joiner. 2018. "Reflections on Positive Emotions and Upward Spirals." Perspectives on Psychological Science 13(2): 194 – 199.

–Seligman, M. E. 2006. Learned Optimism: How to Change Your Mind and Your Life. New York: Vintage.

–Carver, C. S., & M. F. Scheier. 2014. "Dispositional Optimism." Trends in Cognitive Science 18: 293–299.

–Lee, L. O., P. James, E. S. Zevon, E. S. Kim, C. Trudel-Fitzgerald, A. Spiro III, et al. 2019. "Optimism is Associated with Exceptional Longevity in 2 Epidemiologic Cohorts of Men and Women." Proceedings of the National Academy of Sciences 116(37): 18357–18362.

–Lee et al. "Optimism is Associated with Exceptional Longevity in 2 Epidemiologic Cohorts of Men and Women."

–World Health Organization. 2020. "Healthy Ageing and Functional Ability." October 26, 2022. https://www.who.int/philippines/news/q-a-detail/healthy-ageing-and-functional-ability.

–Miller, L., & J. V. Campo. 2021. "Depression in Adolescents." New England Journal of Medicine, 385(5): 445–449.

–Weinberger, A. H., M. Gbedemah, A. M. Martinez, D. Nash, S. Galea, & R. D. Goodwin. 2018. "Trends in Depression Prevalence in the USA from 2005 to 2015: Widening Disparities in Vulnerable Groups." Psychological Medicine 48(8): 1308–1315.

–Glenn, C. R., E. M. Kleiman, J. Kellerman, O. Pollak, C. B. Cha, E. C. Esposito, et al. 2020. "Annual Research Review: A Meta-Analytic Review of Worldwide Suicide Rates in Adolescents." Journal of Child Psychology and Psychiatry 61(3): 294–330.

–Heekerens, J. B., & M. Eid. 2021. "Inducing Positive Affect and Positive Future Expectations Using the Best-Possible-Self Intervention: A Systematic Review and Meta-Analysis." The Journal of Positive Psychology 16(3): 322–347.

–Loveday, P. M., G. P. Lovell, & C. M. Jones. 2018. "The Best Possible Selves Intervention: A Review of the Literature to Evaluate Efficacy and Guide Future Research." Journal of Happiness Studies 19: 607–628.

–Layous, K., S. K. Nelson, & S. Lyubomirsky. 2013. "What Is the Optimal Way to Deliver a Positive Activity Intervention? The Case of Writing about One's Best Possible Selves." Journal of Happiness Studies, 14(2), 635–654.

–Meevissen, Y. M., M. L. Peters, & H. J. Alberts. 2011. "Become More Optimistic by Imagining a Best Possible Self: Effects of a Two-Week Intervention." Journal of Behavior Therapy and Experimental Psychiatry 42(3): 371–378.

–King, L. A. 2001. "The Health Benefits of Writing about Life Goals." Personality and Social Psychology Bulletin 27(7): 798–807.

–Carrillo A., M. Martínez-Sanchis, E. Etchemendy, & R. M. Baños. 2019. "Qualitative Analysis of the Best Possible Self Intervention: Underlying Mechanisms That Influence Its Efficacy." PLOS ONE 14(5): e0216896.

–Frattaroli, J. 2006. "Experimental Disclosure and Its Moderators: A Meta-Analysis." Psychological Bulletin Journal 132(6): 823–865.

–Loveday, Lovell, & Jones. "The Best Possible Selves Intervention."

–Meevissen, Peters, & Alberts. "Become More Optimistic by Imagining a Best Possible Self."

−Loveday, Lovell, & Jones. "The Best Possible Selves Intervention."

−Carillo, Martínez−Sanchez, Etchemendy, & Baños. "Qualitative Analysis of the Best Possible Self Intervention."

−Seligman, M. E., P. R. Verkuil, & T. H. Kang. 2005. "Why Lawyers Are Unhappy." Deakin Law Review 10(1): 49−66.

−Shapcott, S., S. David, & L. Hanson. 2017. "The Jury Is In: Law Schools Foster Students' Fixed Mindsets." Law & Psychology Review 42: 1−50.

−Krill, P. R., R. Johnson, & L. Albert. 2016. "The Prevalence of Substance Use and Other Mental Health Concerns Among American Attorneys." Journal of Addiction Medicine 10(1): 46−52.

−Anzalone, F. M. 2018. "Lawyer and Law Student Well−Being." AALL Spectrum 22(4): 44−46.

−Oehme, K., & N. Stern. 2019. "Improving Lawyers' Health by Addressing the Impact of Adverse Childhood Experiences." University of Richmond Law Review 53: 1311−1338.

−Sendroiu, I., L. Upenieks, & M. H. Schafer. 2021. "The Divergent Mental Health Effects of Dashed Expectations and Unfulfilled Aspirations: Evidence from American Lawyers' Careers." Social Psychology Quarterly 84(4): 376−397.

−Sendroiu, Upenieks, & Schafer. "The Divergent Mental Health Effects of Dashed Expectations and Unfulfilled Aspirations."

−The Nobel Prize. n.d. "The Nobel Prize in Physiology or Medicine 2009." https://www.nobelprize.org/prizes/medicine/2009/summary.

−Puterman, E., & E. Epel. 2012. "An Intricate Dance: Life Experience, Multisystem Resiliency, and Rate of Telomere Decline throughout the Lifespan." Social and Personality Psychology Compass 6(11): 807−825.

−Long, K. N., E. S. Kim, Y. Chen, M. F. Wilson, E. Worthington Jr., & T. J. VanderWeele. 2020. "The Role of Hope in Subsequent Health and Well−Being for Older Adults: An Outcome−Wide Longitudinal Approach." Global Epidemiology 2: 100018.

−Warner, L. M. & R. Schwarzer. 2020. "Self−Efficacy and Health." In The Wiley Encyclopedia of Health Psychology: Volume II, The Social Bases of Health Behavior edited by K. Sweeny, M. L. Robbins, & L. M. Cohen. New York: Wiley−Blackwell.

−Zeng, Y., & K. Shen. 2010. "Resilience Significantly Contributes to Exceptional Longevity." Current Gerontology and Geriatrics Research 2010: 525693.

−Laranjeira, C., & A. Querido. 2022. "Hope and Optimism as an Opportunity to Improve the 'Positive Mental Health' Demand." Frontiers in Psychology 13: 827320.

−Harvanek, Z. M., N. Fogelman, K. Xu, & R. Sinha. 2021. "Psychological and Biological Resilience Modulates the Effects of Stress on Epigenetic Aging." Translational Psychiatry 11(1): 1−9.

Mason, A. E., J. M. Adler, E. Puterman, A. Lakmazaheri, M. Brucker, K. Aschbacher, et al. 2019. "Stress Resilience: Narrative Identity May Buffer the Longitudinal Effects of Chronic Caregiving Stress on Mental Health and Telomere Shortening." Brain, Behavior, and Immunity 77: 101−109.

−Hodes, R. J. 1999. "Telomere Length, Aging, and Somatic Cell Turnover." Journal of

Experimental Medicine 190(2): 153 – 156.

–Drury, S. S. 2021. "Building Resilience for Generations: The Tip of the Chromosome." American Journal of Psychiatry 178(2): 113 – 115.

–von Zglinicki, T. 2002. "Oxidative Stress Shortens Telomeres." Trends in Biochemical Sciences 27(7), 339 – 344.

–Jacobs, T. L., E. S. Epel, J. Lin, E. H. Blackburn, O. M. Wolkowitz, D. A. Bridwell, et al. 2011. "Intensive Meditation Training, Immune Cell Telomerase Activity, and Psychological Mediators." Psychoneuroendocrinology 36(5): 664 – 681.

–Ishikawa, N., K. Nakamura, N. Izumiyama–Shimomura, J. Aida, Y. Matsuda, T. Arai, et al. 2016. "Changes of Telomere Status and Aging: An Update." Geriatrics Gerontology International 16(1): 30 – 42 Suppl.

–O'Donovan, A., M. S. Pantell, E. Puterman, F. S. Dhabhar, E. H. Blackburn, K. Yaffe, et al. 2011. "Cumulative Inflammatory Load Is Associated with Short Leukocyte Telomere Length in the Health, Aging, and Body Composition Study." PLOS ONE 6(5): e19687.

–von Zglinicki. "Oxidative Stress Shortens Telomeres."

–Blackburn, E., & E. Epel. 2017. The Telomere Effect: A Revolutionary Approach to Living Younger, Healthier, Longer. New York: Grand Central Publishing.

–Mendioroz, M., M. Puebla–Guedea, J. Montero–Marín, A. Urdánoz–Casado, I. Blanco–Luquin, M. Roldán, et al. 2020. "Telomere Length Correlates with Subtelomeric DNA Methylation in Long–Term Mindfulness Practitioners." Scientific Reports 10(1): 4564.

–Lewis, E. J., K. L. Yoon, & J. Joormann. 2018. "Emotion Regulation, and Biological Stress Responding: Associations with Worry, Rumination, and Reappraisal." Cognition and Emotion 32: 1487 – 1498.

–Raio, C. M., T. A. Orederu, L. Palazzolo, A. A. Shurick, & E. A. Phelps. 2013. "Cognitive Emotion Regulation Fails the Stress Test." Proceedings of the National Academy of Sciences USA 110(37): 15139 – 15144.

–Frankl, V. E. 1985. Man's Search for Meaning. New York: Simon & Schuster.

–Mohr, D. C., C. Stiles–Shields, C. Brenner, H. Palac, E. Montague, S. M. Kaiser, et al. 2015. "MedLink: A Mobile Intervention to Address Failure Points in the Treatment of Depression in General Medicine." 9th International Conference on Pervasive Computing Technologies for Healthcare (PervasiveHealth), Istanbul, Turkey, 2015: 100 – 107.

–Kato, M., H. Hori, T. Inoue, J. Iga, M. Iwata, T. Inagaki, et al. 2021. "Discontinuation of Antidepressants after Remission with Antidepressant Medication in Major Depressive Disorder: A Systematic Review and Meta–Analysis." Molecular Psychiatry 26(1): 118 – 133.

–Steinert, C., M. Hofmann, J. Kruse, & F. Leichsenring. 2014. "Relapse Rates after Psychotherapy for Depression—Stable Long–Term Effects? A Meta–Analysis." Journal of Affective Disorders 168: 107 – 118.

–Nierenberg, A. A., T. J. Petersen, & J. E. Alpert. 2003. "Prevention of Relapse and Recurrence in Depression: The Role of Long–Term Pharmacotherapy and Psychotherapy." Journal of Clinical Psychiatry 64(15): 13 – 17.

–Ruini, C., E. Albieri, & F. Vescovelli. 2015. "Well–Being Therapy: State of the Art and Clinical Exemplifications." Journal of Contemporary Psychotherapy 45(2): 129 – 136.

—Ryff, C. D. 2014. "Psychological Well—Being Revisited: Advances in the Science and Practice of Eudaimonia." Psychotherapy and Psychosomatics 83(1): 10 – 28.

—Guidi, J., & G. A. Fava. 2021. "Conceptual and Clinical Innovations of Well—Being Therapy." Journal of Cognitive Therapy 14: 196 – 208.

—Merlo, E. M., A. P. Stoian, I. G. Motofei, & S. Settineri. 2021. "The Role of Suppression and the Maintenance of Euthymia in Clinical Settings." Frontiers in Psychology 12: 677811.

Chapter 6

—Ray, J. 2022. "World Unhappier, More Stressed Out Than Ever." Gallup, June 28, 2022. https://news.gallup.com/poll/394025/world –unhappier–stressed–ever.aspx.

—Kibbel III, W. n.d. "Common Fire Safety Device in Old Homes a Health Hazard." Old House Web. https://www.oldhouseweb.com /how–to–advice/common–fire–safety–device–in–old–homes–a–health –hazard.shtml.

—Spielmans, G. I., T. Spence–Sing, & P. Parry. 2020. "Duty to Warn: Antidepressant Black Box Suicidality Warning Is Empirically Justified." Frontiers in Psychiatry 11: 18.

—Anthes, E. 2014. "Depression: A Change of Mind." Nature 515: 185 – 187.

—Ormel, J., S. D. Hollon, R. C. Kessler, P. Cuijpers, & S. M. Monroe. 2022. "More Treatment but No Less Depression: The Treatment – Prevalence Paradox." Clinical Psychology Review 91: 102111.

—Barry, E. 2022. "A Mental Health Clinic in School? No, Thanks, Says the School Board." The New York Times, June 7th, 2020. https://www.nytimes.com/2022/06/05/health/killingly–ct–mental – health–clinic–school.html.

—Pandey, A., D. Hale, S. Das, A. L. Goddings, S. J. Blakemore, & R. M. Viner. 2018. "Effectiveness of Universal Self–Regulation – Based Interventions in Children and Adolescents: A Systematic Review and Meta–Analysis." JAMA Pediatrics 172(6): 566 – 575.

—Paschall, M. J., & M. Bersamin. 2017. "School–Based Mental Health Services, Suicide Risk and Substance Use among At–Risk Adolescents in Oregon." Preventive Medicine 106: 209 – 215.

—Barry, E. "A Mental Health Clinic in School?"

—Bakker, A. B., & J. D. de Vries. 2021. "Job Demands – Resources Theory and Self–Regulation: New Explanations and Remedies for Job Burnout." Anxiety, Stress, & Coping 34(1): 1 – 21.

—Luthans, F., & C. M. Youssef–Morgan. 2017. "Psychological Capital: An Evidence–Based Positive Approach." Annual Review of Organizational Psychology and Organizational Behavior 4: 339 – 366.

—Finch, J., L. J. Farrell, & A. M. Waters. 2020. "Searching for the HERO in Youth: Does Psychological Capital (PsyCap) Predict Mental Health Symptoms and Subjective Well–Being in Australian School–Aged Children and Adolescents?" Child Psychiatry & Human Development 51(6): 1025 – 1036.

—Oettingen, G. 2012. "Future Thought and Behaviour Change." European Review of Social Psychology 23: 1 – 63.

—Duckworth, A. L., H. Grant, B. Loew, G. Oettingen, & P. M. Gollwitzer. 2011. "Self–Regulation

Strategies Improve Self-Discipline in Adolescents: Benefits of Mental Contrasting and Implementation Intentions." Education Psychology 31: 17 – 26.

–Tedeschi, R. G., & L. G. Calhoun. 2004. "Posttraumatic Growth: Conceptual Foundations and Empirical Evidence." Psychological Inquiry 15(1): 1 – 18.

–Jayawickreme, E., F. J. Infurna, K. Alajak, L. E. Blackie, W. J. Chopik, J. M. Chung, et al. 2021. "Post-traumatic Growth as Positive Personality Change: Challenges, Opportunities, and Recommendations." Journal of Personality 89(1): 145 – 165.

–Dekel, S., I. T. Hankin, J. A. Pratt, D. R. Hackler, & O. N. Lanman. 2016. "Posttraumatic Growth in Trauma Recollections of 9/11 Survivors: A Narrative Approach." Journal of Loss and Trauma 21(4): 315 – 324.

–Kin. n.d. "100-Year Floodplain." https://www.kin.com/glossary /100-year-floodplain/#:~:text=The%20100-year%20flood%20is %20simply%20one%20way%20of,100-year%20flood%20is%20 also%20called%20the%20base%20flood.

–Taku, K., R. G. Tedeschi, J. Shakespeare-Finch, D. Krosch, G. David, D. Kehl, et al. 2021. "Posttraumatic Growth (PTG) and Posttraumatic Depreciation (PTD) Across Ten Countries: Global Validation of the PTG–PTD Theoretical Model." Personality and Individual Differences 169(1): 110222.

–Tedeschi & Calhoun. "Posttraumatic Growth: Conceptual Foundations and Empirical Evidence."

–Zacher, H., & U. M. Staudinger. 2018. "Wisdom and Well-Being." In Handbook of Well-Being, edited by E. Diener, S. Oishi, & L. Tay. Salt Lake City: DEF Publishers.

–Tedeschi & Calhoun. "Posttraumatic Growth: Conceptual Foundations and Empirical Evidence."

–Taku et al. "Posttraumatic Growth (PTG) and Posttraumatic Depreciation (PTD) Across Ten Countries: Global Validation of the PTG – PTD Theoretical Model."

–Dekel et al. "Posttraumatic Growth in Trauma Recollections of 9/11 Survivors."

–Pollari, C. D., J. Brite, R. M. Brackbill, L. M. Gargano, S. W. Adams, P. Russo-Netzer, et al. 2021. "World Trade Center Exposure and Posttraumatic Growth: Assessing Positive Psychological Change 15 Years after 9/11." International Journal of Environmental Research and Public Health 18(1): 104.

–Vallerand, R. J. 2015. The Psychology of Passion: A Dualistic Model. Oxford: Oxford University Press.

–Vallerand, R. J., G. A. Mageau, A. J. Elliot, A. Dumais, M. A. Demers, & F. Rousseau. 2008. "Passion and Performance Attainment in Sport." Psychology of Sport and Exercise 9(3): 373 – 392.

–Vallerand et al. "Passion and Performance Attainment in Sport."

–Zhang, S. E., S. A. Ge, J. Tian, Q. L. Li, M. S. Wang, X. H. Wang, et al. 2022. "A Cross-Sectional Study of Individual Learning Passion in Medical Education: Understanding Self-Development in Positive Psychology." Frontiers in Psychology 13: 758002.

–Lavoie, C. E., R. J. Vallerand, & J. Verner-Filion. 2021. "Passion and Emotions: The Mediating Role of Cognitive Appraisals." Psychology of Sport and Exercise 54: 101907.

–Kaufmann, S. B. 2011. "How to Increase Your Harmonious Passion." September 26, 2011.

https://scottbarrykaufman.com/how-to-increase-your-harmonious-passion.
-Lafrenièere, M-A. K., J. J. Bèlanger, C. Sedikides, & R. J. Vallerand. 2011. "Self-Esteem and Passion for Activities." Personality and Individual Differences 51(4): 541-544.
-Burke, S. M., C. M. Sabiston, & R. J. Vallerand. 2012. "Passion in Breast Cancer Survivors: Examining Links to Emotional Well-Being." Journal of Health Psychology 17(8): 1161-1175.
-Burke, Sabiston, & Vallerand. "Passion in Breast Cancer Survivors."

Chapter 7

-Gardiner, G., K. Sauerberger, D. Lee, & D. Funder. 2022. "What Happy People Do: The Behavioral Correlates of Happiness in Everyday Situations." Journal of Research in Personality 99: 104236.
-Sytine, A. I., T. W. Britt, G. Sawhney, C. A. Wilson, & M. Keith. 2019. "Savoring as a Moderator of the Daily Demands and Psychological Capital Relationship: A Daily Diary Study." The Journal of Positive Psychology 14(5): 641-648.
-Fredrickson, B. L., & T. Joiner. 2018. "Reflections on Positive Emotions and Upward Spirals." Perspectives on Psychological Science 13(2): 194-199.

긍정 효과

초판 1쇄 2024년 1월 3일
초판 3쇄 2024년 1월 25일

지은이 댄 토마술로
옮긴이 윤영
펴낸이 김채민

펴낸곳 힘찬북스
출판등록 제410-2017-000143호
주소 서울특별시 마포구 망원로 94, 301호
전화 02-2272-2554
팩스 02-2272-2555
이메일 hcbooks17@naver.com

ISBN 979-11-90227-32-2 03190